小さな会社が
劇的にかわる

すごい人事評価報酬制度のつくり方

PERSONNEL ASSESSMENT

COMPENSATION SYSTEM

金村 秀一
Hidekazu Kanemura

小さな会社の
経営参謀
シリーズ

産業能率大学出版部

✦ はじめに

「いる気社員」だらけだった小さな会社が、「やる気社員」が溢れる高収益企業に変われたのか？

このたびは、本書「小さな会社が劇的にかわる すごい人事評価・報酬制度のつくり方」を手に取っていただき、誠にありがとうございます。日本全国に数多く存在する中小企業の多くが、人事評価や報酬に関する問題に直面しています。本書では、これらの問題をシンプルで効果的な方法で解決するための具体的なアプローチをご紹介します。

中小企業平均４倍の高収益企業に変わった理由

私たちウィルウェイグループ（100 年塾事業／採用支援事業／ ASFAN 事業）は、2013 年 11 月に『赤字社員だらけでも営業利益 20％をたたき出した社長の経営ノート』（KADOKAWA 中経出版）を出版してから早や 10 年以上が経ちました。社員数 10 名程度の小さな会社にもかかわらず、おかげさまで高収益企業に生まれ変わることができました。

日本の中小企業の労働生産性（社員一人あたりの粗利益額）の平均が 540 万円（2022 年版　中小企業白書より）という状況の中、私たちの会社は 2400 万円と、中小企業平均の約４倍の労働生産性を実現しています。つまり、会社の規模にかかわらず、強い経営はできるのだと証明することができました。

小さな会社の経営はとてもシンプルです。

「誰でも売上が上がる仕組みをつくる」
「ルールを守る人を評価する」
「ルールを守らない人を評価しない」

この３つを社長が徹底するだけで、面白いほど会社は変わりはじめます。

逆に、頑張っているのになぜか上手くいかない経営の特徴は、

「売上を上げる仕組みがない」
「ルールがないのになぜか厳しい」
「ルールを守らない人も社長の気分で評価される」

このような環境では安定的に業績を上げ続けることはなかなかできません。まさに「勝ちに不思議の勝ちあり、負けに不思議の負けなし」です。

そこで私たちの会社が取り組んだのは、社内の仕組みと価値観を整える**「経営計画書」**と、ルールを守った人を評価する**「人事評価制度」**の２つ。これらの道具が社内に導入されたことは大きく、ルール（価値基準）に基づいて正当に評価されるので、ただ「評価されたい」という打算的な動機で働くのではなく、会社のビジョンに沿った働き方に変わりはじめました。

その結果、コロナ禍の困難な時期でも、業績は３年間で220%成長と増収増益を続け、2023年度は「過去最高益」を

更新しました。さらに、働き方も大きく改善し、月間の残業時間はゼロで、有休休暇の消化率も100%を超えるなど、社員が健康的に働ける強い企業文化を手に入れることができました。

社員の不平不満は「評価基準」が曖昧なことから始まる

「なぜ、どうして⁉」
「あんなに頑張って、結果も出しているのに、なぜ賞与がこんなに低いの？」
「どうして、あの人が昇進するの？」

これらは、会社から評価を聞いたときや賞与の額を知ったとき、あるいは人事異動が発表されたときなどに、多くの社員が一度は抱いたことのある疑問や不満ではないでしょうか。

社員にとって一番の関心事は、「給料」と「人事」です。

社長の個人的な好き嫌いや気分で人事評価が決まれば、社員たちは不満を抱き、モチベーションを下げ、やがて退職する人も増えます。そうなれば、業績も下がり、経営が傾くこともあります。このようなことにならないために、「給料」と「人事」に関する基準をつくり、運用していくことは**社長にしかできない重要な仕事です**。

「どうすれば、給料が上がるのか？」
「どうすれば、賞与が増えるのか？」
「どうすれば、昇進できるのか？」

これらの疑問に答える明確な「評価基準」が社内にあるだけで、会社は大きく変わります。

働く社員にしてみれば、会社が自分に何を求め、何をどれくらいこなせば評価されるのか、そしてその基準がわかりやすくはっきりと示されていれば、目標や努力の方向性が掴めます。つまり、より効率よく、高い能力を発揮できるようになるのです。評価する会社にとっても、社員の成長を具体的に促すことで、業績も上がり、会社の発展に繋がり、大きなメリットになります。

しかし多くの中小企業には、現実にこのような評価体系がありません。そのため、中小企業の社長のおよそ９割が、賞与の時期になると「鉛筆舐め舐め（数字をイジる）」をして、給料や賞与を決めています。このように、給料体系があっても機能していない、または給料と賞与に明確なルールがないなど、社長の好きなように決めていたとしたら、社員が納得する評価は難しく、組織としての健全な成長も望めません。

評価と報酬がＡ３一枚のシートで完結するシンプルさ

これまで私たちは800社近くの会社の人事評価制度を診断し、その導入と運用に携わってきました。その経験から明らかになったことは、多くの人事評価制度が「複雑すぎる」ために機能不全に陥っているという現実です。評価項目が多く、運用が煩雑であるため、結果として社長をはじめ社員も誰も理解していません。その結果、社員は頑張る気力を失い、やる気を失います。このような状況は決して珍しいことではなく、多くの会社で実際に起こっています。

しかし、複雑さが問題となる中で、この本で紹介する「**100年塾式・人事評価制度**」は、そのシンプルさとわかりやすさで多くの企業から支持を得ています。この人事評価制度は、**半期（6ヶ月）ごとにA3一枚の評価面談シートで評価が決まります**。年間を通じてもたった2枚のシートで完結します。評価項目もシンプルで、①業績評価②プロセス評価③方針共有評価④環境整備評価の4つのみ。これにより、**上司と部下が毎月15分間の面談を行うだけで、すべての評価を完結させることができるのです**。

「そんなにシンプルで成果が出るの？」と疑問に思うかもしれませんが、ご心配なく。私たちの会社だけではなく、この人事評価制度を導入した会社では、社長の心的負担が軽減されただけでなく、「いる気社員」が明確な目標を持って動く「やる気社員」に変わり、社員一人ひとりが具体的に何をすべきかを理解することで、業績アップにも大きく貢献しています。

「この人事評価制度を導入し、評価基準を明確にしたことで、社員の行動が目に見えて変わりました。業績が上がるだけでなく、職場のムードもよくなり、おかげさまで、社員たちが自信を持って働いてくれているのが何より嬉しいです」というお客様の声もいただいています。

インセンティブは「個人戦」・粗利益連動型は「団体戦」

社員を評価するために、「インセンティブ制度」を導入している会社も少なくありません。しかし、気をつけてください。インセンティブ制度のデメリットをしっかり把握していますか？

インセンティブは「個人戦」の要素が強いため、社員自身の評価を高めることが最優先となり、**成果を上げるための貴重で有益なノウハウを他の社員と共有することを嫌がります。したがって、社内での知識共有や協力の文化が育ちにくくなります**。

これに対して、**「100年塾式・人事評価制度」**では、**「粗利益連動型」**の報酬システムを採用しています。前期と比べて増加した粗利益の一定割合を配分する方法です。そのため、社内で優れたパフォーマンスをしている社員は、**ノウハウを隠すよりも教えるほうが効果的**で、**まわりの社員も成績が上がること**で、**賞与原資となる粗利益が増加**し、**結果として自分の賞与も高くなります**。

一匹のミツバチが蜜を採る量には限界があります。しかし、彼らが団結し、それぞれの得意分野で協力することで大量の蜜を採取し、巣を繁栄させることが可能となります。この自然界の原理は、ビジネスの世界にも適用されます。個人の力は確かに貴重ですが、組織全体が協力して目標に取り組むことで、個々の力を遥かに超える成果を生み出すことができるのです。

「相対評価」×「粗利益連動型」評価制度の強み

これまでたくさんの人事評価制度を見てきましたが、多くの会社で導入している人事評価制度は**「絶対評価」**で評価するタイプです。この絶対評価とは、「○○ができる、○○ができない」と仕事や業務の可否で評価が決まるスキル重視の評価制度です。これが会社の成長を鈍化させます。

例えば小さな会社では、勤続年数が長くなればなるほどできる仕事が増えます。そこにスキル重視の絶対評価の評価基準を適用すると、実質的には年功序列のような評価制度ができあがってしまいます。本来、成果を出した社員や方針に従って頑張った社員が、適切に評価される環境を整えるために導入したにもかかわらず、人事評価制度本来の目的が損なわれてしまうのです。

つまり、勤続年数が長くなってできる仕事が増えるという当たり前のことで評価が上がり、出世する。出世することで、絶対評価である人事評価はますます安定します。評価が安定することで、頑張る理由がなくなり、報酬が多い役職上位が新しいことに挑戦しなくなり、会社の成長は鈍化します。

このような理由から、「絶対評価」タイプの人事評価制度では、出世するたびに会社への貢献度が低くなり、「いる気社員」を増やしてしまう特徴が現れます。

「100年塾式・人事評価制度」では、**「相対評価」**によって評価が決まります。同じ役職に属する社員と比較して、評価結果に順位をつけるやり方です。そのため、役職や立場にかかわらず、努力を積み重ねた社員が良い評価を受け、逆に努力が足りなかった社員はそれなりの評価を受けます。これにより、社歴の長さに依存せず、実際の貢献度に基づいた公平な評価を行う体制が整えられ、「いる気社員」が報酬面で不当に優遇されることがなくなり、「やる気社員」が育つ仕組みとなっています。

さらにこの**「相対評価」**に**「粗利益連動型」**を掛け合わせることで、社内での過度な競争や争いが減少します。なぜなら、他人を出し抜く行動が会社全体の粗利益の減少につながり、結果的に自分の評価も下がるため、社内にいる誰も得をしないからです。「私も頑張るから、あなたも頑張って！」という、強い会社が持っている、互いに高め合い、組織全体の成果を最大化する文化が育ちます。

つまり、本書で紹介する100年塾式·人事評価制度は、全社員が知恵やノウハウを共有し、団結してお客様満足度の向上に徹底的に取り組むことで業績を向上させ、その結果として粗利益を増加させる仕組みになっています。これにより、結果的に全社員の賞与額が増加するという構造に設計されています。

人事評価制度を通じて「みんなで幸せになる」会社を実現する

シンプルでわかりやすい人事評価制度で評価基準を整えることは、社員の成長を促進するだけではなく、会社全体の生産性の向上にも貢献します。今、こうした事実に多くの企業が気づき、生き残りをかけて人事制度を見直しに取り組みはじめています。そして、適切な制度を整えた会社の多くが社員の能力を引き上げることに成功し、業績を伸ばしています。さらに優秀な人材の定着率が高まり、外部からの良い人材も集まるようになり、採用にまつわる悩みが解消されるなど、雇用面でもプラスの好循環を生み出します。

ただし、決して間違えてはいけないのは、人事評価制度とは人の人格や能力を評価するものではなく、人のやったこと（行動）を評価するための仕組みだということです。

生産性の高い強い会社をつくるための判断基準は１つです。

それは**「ちゃんと成長したい人が成長できているかどうか」**です。小さくても強い会社をつくる唯一の方法は、**会社とお客様を繋ぐ「社員」の質を高めることです**。

社員数の少ない小さな会社こそ、組織を成長・発展させ続けるためには、人の成長が欠かせません。社員個々の能力を伸ばし、頑張りを数値で見える化させ、人を成長させる仕組みが「人事評価制度」です。

そして、「人事評価制度」の目的は、人材育成を通じた「経営計画」の達成・実現です。そして、経営計画の究極の目的は、目標達成を通じて理想の未来を実現すること、すなわち**「みんなで幸せになる」**ことにあります。幸せになるためには、**モノとココロを豊かにする**必要があります。経営計画と人事評価制度を通じて、全員が成長を続けながら、一丸となって「みんなで幸せになる」という目標に向かう理想の組織が実現します。

日本の労働人口の約７割を占める中小企業が強い経営をすることで、社員と家族を守り続けることができます。会社が強くなることで、社員全員が安心して働ける環境を提供し続けることができます。

本書でご紹介する「100 年塾式・人事評価制度」を通じて、会社と社員が共に成長し、１社でも多くの会社が「みんなで幸せになる」ことができれば、これ以上に嬉しいことはありません。

ウィルウェイグループ代表取締役社長　金村 秀一

「評価面談シート」フォーマット・ダウンロード方法

本書で解説している「100年塾式人事評価制度」で使用している「評価面談シート」を運用するにあたって必要なフォーマット（Excelで作成された5つのフォーマット）をダウンロードいただけます。インターネットに接続をして、アドレスバーに下記のURLを入力するか、QRコードを読み込んでダウンロードページを開き、必要事項を入力ください。

ご入力いただきましたメールアドレスに、ダウンロード詳細をお送りいたします。

	ダウンロードできるフォーマット一覧	参考ページ
1	100年塾式・評価面談シート（上期）	第5章・第6章・第7章
2	100年塾式・評価面談シート（下期）	第5章・第6章・第7章
3	100年塾式・評価面談シート実践サンプル	第5章・第6章・第7章
4	ポイント単価自動計算シート	第7章　P.181-183
5	昇給額自動計算シート	第7章　P.186-188

「評価面談シート」ダウンロードページURL
https://w2.will-way.net/form/jinjihyoka7

※URLの入力はすべて半角英数字で入力してください。
※ダウンロードをするためにはメールアドレスが必要です。

※本ダウンロードに関するお問合せは、100年塾®（100years@will-way.net）までお願いします。
※本ダウンロードサービスは、予告なく内容を変更する場合がありますのでご了承ください。
※ダウンロードファイルを利用されて起きた損失や損害、その他いかなる事態にも、著作権者・出版社はその一切の責任を負いません。

目次

第３章　100年塾式・人事評価・報酬制度 フェーズ１：職位グループを決定する

第４章　100年塾式・人事評価・報酬制度 フェーズ２：報酬制度を決定する

第５章　100年塾式・人事評価・報酬制度 フェーズ３：評価制度を決定する

第６章　100 年塾式・人事評価・報酬制度 フェーズ４：評価面談を実施する

第７章　100 年塾式・人事評価・報酬制度 フェーズ５：評価と報酬を決定する

第８章　人事評価制度導入の社長の心得

第１章

小さな会社が人事評価制度を導入する8つのメリット

「うちみたいな社員数の少ない小さな会社には人事評価制度はいらないよ」

このように考える社長は少なくありません。昔の私がそうだったように。しかし、人事評価制度が経営に与えるメリットは、計り知れないほど強力です。そのため、小規模ながらも成長を目指す会社にとって、人事評価の導入はとても重要になります。ここでは、小さな会社が人事評価制度を導入する８つのメリットを説明していきます。

1．生産性の大幅アップが期待できる

つかみどころのない仕事を見える化する

そもそも仕事とは、つかみどころがないものです。社内にある仕事には、単純な作業から複雑なプロジェクトまで、複雑さはさまざまです。また、チーム内の人間関係や組織文化などの非技術的な要素も、仕事で成果を上げるためには不可欠です。さらに、仕事の成果は短期的ではなく長期にわたって現れることが多く、直接は目に見えにくいという特徴もあります。

これらの理由からもわかるように、そもそも仕事とはつかみどころがないものなので、長期的に会社を成長させるためには、社内に基準やルールを設ける必要があります。

その第一歩として、人事評価制度を使って個々の社員に対して明確な目標を設定します。目標が明確になることで、社員はその目標の達成に向かって日々の業務に力を注ぐことができます。努力の方向性が定まることで、無駄な作業を省き、やるべ

き仕事を数多く回すことで、生産性の向上に直結します。さらに、社員の成果や貢献度を明確にすることで、社員自身が自分の仕事のパフォーマンスを理解し、改善点を見つけやすくなります。人事評価制度で自分の成長が具体的に見える化されることは、モチベーションの向上にも繋がります。

社内に健全な競争環境が整う

人事評価制度は社内に健全な競争を生み出し、同時にチーム内での協力を促します。競争を通じて最高の成果を目指すやる気と、協力を通じた達成感が社員を奮い立たせます。このバランスが絶妙に働くことで、社員は自己成長を実感し、会社全体の生産性向上に貢献することができます。

社員１人あたりの貢献度合いが高い小さな会社こそ、人事評価制度を導入することで、社員一人ひとりがより強く成長し、１人あたりの労働生産性が高まります。会社全体の業績アップ、生産性アップに直結するこの制度は、小さな会社が次のステップへ進むための大きな鍵になります。社員一人ひとりの成長が会社の成長に直結する小さな会社にとって、人事評価制度の導入は、ただの選択肢ではなく、必須の戦略といえます。

2．理念やビジョンが理解され浸透する

社長と社員のベクトルを合わせる重要性

小さな会社の経営では、社長と社員のベクトルを合わせることが強い経営につながります。ここでいう**ベクトル**とは、**会社**

が目指している方向性や信じている考え方のことです。どんなに能力がある優秀な社員がいたとしても、ベクトルが合っていなければお客様に提供するサービスにズレが生じ、お客様の期待に応えることはできません。

そもそも､経営には正しい考え方や方法などは存在しません。**経営とは、社長が信じていることを社員がどれだけ信じられるかで決まります。**ですから、理念やビジョンを含めたベクトルが社内全体で理解され浸透することは、最重要課題とも言えます。実際に私たちの会社では方向性や考え方のベクトルを合わせる勉強会「ベクトル勉強会」を、毎週月曜日に年間約45回実施しているほどです。

人事評価を導入することで、会社の理念やビジョンを社員に対して繰り返し伝える機会が増えます。毎月実施される上司と部下で行う評価面談のプロセスを通じてこれらを参照する機会が増えた分だけ、社員は日々の業務を通じて会社の基本的な価値観を学び、理解することができます。

毎月の評価面談が組織に一体感を生む

毎月の評価面談は、社員個人の価値観や目標と、会社の理念やビジョンが一致しているかを定期的に確認する良い機会となります。これらが一致していない場合は、ギャップを識別し、調整することができます。これにより、社員と組織のベクトルが同じ方向を向くようになるだけではなく、離職の未然防止やモチベーションの向上などにも繋がります。

また、社員にとってわかりやすい人事評価制度があることは、会社と社員の間に信頼と透明性のある組織文化が育成されます。社員が公平に評価され、適切なフィードバックを受けることで、チーム内のコミュニケーションが促進され、組織全体としての一体感も生まれます。このような一体感は、特に人数が少ない小さな会社では、組織全体の協力と助け合いを促し、困難を乗り越える力になります。

会社の理念やビジョンが理解され、社長と社員のベクトルが一致している会社では、意思決定のプロセスがスムーズになります。意思決定が早くなると、たくさんの意思決定ができます。**小さな会社の経営が強くなれるかどうかは、意思決定の質ではなく、意思決定の回数に比例します。**ですから、価値観を一致させて意思決定と実行のサイクルを迅速化させることが、小さな会社の経営に競争優位性をもたらします。

✦ 3．会社と社員の方向性のズレを修正できる

風通しの良い社風が定着率を向上させる

小さな会社に人事評価制度を導入する最大のメリットのひとつは、会社の長期的な目標と社員の個人的なキャリア目標を明確にし、それらが一致するように努めることができる点にあります。会社のビジョンと個々の社員の目標が一致していれば、全員が同じ方向を向いて努力することができます。

上司と部下によって毎月行われる評価面談は、社員が会社の

期待に応えられているかどうかを把握する良い機会であり、また、社員が自分の業務に対して考えている見解や課題を会社に伝えることができる貴重な機会でもあります。このような双方向の考えを共有できる機会は、風通しの良い社風づくりに大変役立ち、社員の定着率向上に貢献します。

良い人事評価制度では、個々の社員に対して明確な目標が設定されます。明確な評価基準と目標を持つことで、社員は自分が何を達成すればよいのか、どのように成長すればよいのかを理解しやすくなります。このようにそもそも人事評価とは、社員の働きぶりを評価するためだけのものではなく、社内で複雑化しやすい目標や基準、達成すべきことなどをシンプルに社員に浸透させるものなのです。

個々の強みを活かした強い経営ができる

社員の働きぶりを定期的に評価することで、個々の社員の強みと弱みを把握し、適切な教育やサポートをすることもできます。会社は社員の強みと弱みを知ることで、適材適所の人員配置が可能となり、活躍の場を与えることができます。また、社員は自分の能力を会社のニーズに合わせて調整し、双方の方向性のズレを修正することができます。

小さな会社が人事評価制度を導入して会社と社員の方向性のズレを修正できるメリットは大きく、会社の成長と社員の満足度向上のために不可欠です。会社の長期的な目標と社員個人のキャリア目標を一致させ、定期的なフィードバックを通じてコミュニケーションを図り、明確な評価基準と目標を持つことが重要です。これにより、社員の活躍を定期的に評価し、個々の強みを活かしながら弱みを補う強い経営ができます。良い人事評価制度を導入することで、小さな会社でも大きな競争力を持つことができるのです。

4．社内コミュニケーションが促進する

現場での評価面談がチームワークを強化する

人事評価制度を導入すると、上司と部下の間で行われる毎月の面談で業務の進捗、問題点、改善策について話し合う機会が増えます。その場で、社員は自分の仕事に対する直接的なフィードバックを受けられ、仕事の質を向上させることができます。この定期的な評価面談は、個々の社員が自分の業務が会社全体の目標に対して、どのように貢献しているかを理解するのにも役立ちます。

定期的な評価面談とフィードバックのプロセスは問題の早期発見に繋がり、解決に向けたコミュニケーションを取ることも容易です。これは小さな会社において、迅速な問題解決につながります。また、定期的なフィードバックによって、社員が自分の強みを認識し、弱点を改善することも可能にします。

毎月の面談で共有された目標と評価基準を持つことで、社員はチームとして協力し合い、仲間とコミュニケーションを取りながら目標達成を目指します。これにより、チームワークが強化され、組織全体のパフォーマンスが向上します。共有された目標は、社員に明確な方向性を提供し、チーム内での協力とサ

ポートを促進します。

社員の役割と責任がはっきりする

さらに、明確な評価基準によって各社員の役割と責任が明確になります。つまり、誰が何を担当しているのかがはっきりすることで、効率的なコミュニケーションを促し、業務の重複や誤解を避けることができます。各社員が自分の役割を理解するだけで、チームとしての協力がスムーズになり、より迅速に目標達成に向かって前進することができます。

小さな会社における人事評価制度の導入は、社内コミュニケーションを促進し、組織全体のパフォーマンスを向上させるための重要なステップです。定期的なフィードバック、目標の明確化、問題解決の迅速化、チームワークの強化、役割と責任の明確化など、多くのメリットがあります。これらの要素は、社員が自分の仕事により一層責任を持ち、組織全体としてより高い成果を達成するために不可欠です。

5．理想の人財が自然と育つ環境ができる

人事評価制度×報酬システムが理想的な組織文化をつくる

人事評価制度を導入して、良い業績を達成した社員が良い報酬をもらうことは、組織全体のモチベーションを高める上でとても重要なことです。なぜなら、会社が求めている正しいプロセスや成果を出すことが、大きな価値につながると認識されるためです。人事評価制度と報酬システムが適切に機能すること

で、他の社員の模範となり、全員が理想的な業務遂行を目指す環境が整います。

人間とは、そもそも環境に染まりやすい動物です。私たちは、周囲の環境や文化、そして人々から強く影響を受け、それらによって行動や価値観が形成されます。特に、多くの時間を使っている職場という環境の中では、その影響は計り知れません。つまり、人事評価制度によって形成される組織文化は、社員が自らを高め、理想の人材へと成長するための重要な土台となるのです。

効果的な人事評価制度は、協力、イノベーション、責任感といった価値を促進する組織文化を創り出します。このような、前向きで積極的な文化の中で働く社員は、会社の理想とする人材像に沿った行動を自然と取るようになります。これは、各社員の意識改革だけにとどまらず、組織全体の長期的な成長にも繋がります。

会社と社員が成長できる理想的な環境

人事評価制度がある会社では、個々の社員に対するキャリアパスを設計する環境も提供していることになります。社員自身が自分の将来像を描き、会社の将来像に合わせて自己成長を図ることができます。これは、社員のモチベーション向上にも繋がり、長期的に会社の成長を支える力となります。

小さな会社では、限られた経営資源の中で最大の成果を上げることが求められます。人事評価制度を導入することで、社員一人ひとりが自己の可能性を最大限に引き出し、理想的な人材へと成長するための環境を整えることができます。正しい評価と適切なフィードバックを通じて、協力、イノベーション、責任感を促進し、会社全体を強くするための組織文化を創造できます。社員一人ひとりが自身の役割を理解し、自己成長を目指すことで、小さな会社でも大きな成果を上げることができるでしょう。

6．人材のスキルを把握する機会になる

社員の隠れた才能や能力が発見できる

人事評価制度を導入し、毎月の面談を定期的に行うことで、社員の現在の「スキル」を確認することができます。ここでいうスキルとは、その人が業務を遂行する上で必要とされる専門知識、技術、経験、そして対人関係スキルなどが含まれます。簡単にいえば、仕事をするために必要な「できること」のすべてです。

上司と部下の毎月の面談は、社員個々のスキルギャップを早期に特定し、それを解消するための対策を素早く講じることに役立ちます。このアプローチは、組織全体のパフォーマンスを向上させるだけでなく、社員が自分のキャリアパスにおいて重要なスキルを磨くのを助けます。

そして、人事評価は、隠れた才能や潜在能力を発見する絶好の機会でもあります。社員が日常業務で使用していないスキルや能力が、評価過程で明らかになることがあります。これらの才能を認識し、適切に育成することは、組織にとっても価値ある資源となります。例えば、リーダーシップ能力やクリエイティブな問題解決能力が、新たなプロジェクトや役割に活かされる

かもしれません。

能力に応じた適材適所な人員配置ができる

さらに、社員のスキルが認識され、適切に評価されることで、社員のモチベーションとエンゲージメントが高まります。自分の能力が認められ、価値を置かれていると感じることは、社員にとって大きな動機づけとなります。これにより、彼らは継続的な自己向上に励み、さらなる成長を目指すようになります。結果として、社員はより満足し、組織に対する忠誠心が高まり、退職率の低下にもつながります。

組織として、人事評価制度を通じて全社員のスキルを把握し、適切に管理することは、組織の成長と発展に不可欠であり、顔が見える経営をしている小さな会社こそやるべきことです。スキルの把握を通じて、現在の人材が未来の事業目標を達成するために、どのような能力が必要かを社長は考え、育成計画を立てる必要があります。**なぜなら、人材の成長なくして、会社の成長はないからです**。

このように、各社員のスキルを理解することは、適切な人員配置を可能にし、それが組織全体のパフォーマンス向上に直結します。人事評価制度を通じて、社員一人ひとりの能力や適性を深く把握することで、最も力を発揮できるポジションに彼らを配置することができます。このような戦略的な人員配置は、社員が自分のスキルを存分に活かし、業務に対する満足度を高めることを可能にします。

結果として、社員のモチベーションが高まり、パフォーマンスが向上します。これは、離職率の低下にもつながり、組織の安定性と持続可能な成長を促進する重要な要素となります。自分の能力を適正に評価され、適切な場所で働くことの喜びを社員が感じることは、組織にとっても社員にとっても大きな利益をもたらします。

7.「いる気社員」が「やる気社員」に変わる

社員の一番の関心事は「報酬」と「人事」

小さな会社が人事評価制度を導入することのメリットは多岐にわたりますが、その中でも特に重要なのは、「いる気社員」を「やる気社員」に変える力を持っていることです。ここでは、なぜ人事評価制度が小さな会社にとってこれほどまでに価値があるのか、そしてそれがどのように社員のモチベーションと会社全体の成長に影響を与えるのかを詳しく見ていきましょう。

社長は往々にして社員の気持ちを把握できていないものです。小さな会社で働く社員が最も気にするのは、自分たちの「報酬」と「人事」の取り扱いです。それなのに、もし社長が自分の好みや先入観によって人事評価を行えば、社員はやる気をなくし、退職することになります。したがって、「報酬」と「人事」について明確な基準を設定し、それに基づいて経営することが、小さな会社を強くすることに繋がります。

小さな会社では、社員数が少ないため一人ひとりの社員の役割が大きく、そのパフォーマンスが会社全体に直結します。そうした環境のもとで、人事評価制度を上手に導入し、運用することで、「いる気社員」を「やる気社員」に変えられるかどうかは、今後の会社の成長に直結する重要な課題といえます。

「やる気社員」は会社の成長を牽引する重要な存在です。しかし、透明性のない評価制度のもとでは、自分の努力が適切に評価されていると感じることは難しく、モチベーションの低下や最終的には離職に繋がる恐れがあります。また、「やる気社員」が退職していくことで、自ずと社内には「いる気社員」の人数が増えていきます。これにより、社内の雰囲気は変わり、小さくても強い会社をつくるという理想とは程遠い社内環境が整ってしまいます。

この本で紹介している人事評価制度を導入することで、「どうすれば給料が上がるのか？」「どうすれば賞与が増えるのか？」「どうすれば昇進ができるのか？」が誰にでも明確になります。さらに、社員一人ひとりの努力と成果が見える化され、社員は自分の貢献が認められていると感じ、さらなる努力をする「やる気」に繋がります。人事評価制度により、報酬とパフォーマンスが連動し、社員の生産性が向上します。これは会社全体の業績向上に直結し、小さな会社の競争力の強化に繋がります。

このように、明確な目標と評価基準が設定されることで、全社員が同じ方向を向いて努力する文化が醸成され、組織としての一体感と目標達成への意欲が高まります。また、社員が自分の成長を実感できる環境は、新たな才能を呼び寄せることや優秀な人材の定着にもつながります。結局のところ、人事評価制度は単なる管理ツールではなく、社員一人ひとりのポテンシャルを引き出し、組織全体を強化するための重要な戦略的投資なのです。

8．求職者に選ばれる魅力ある会社ができる

自己成長ができる環境に魅力を感じる

私は仕事柄、たくさんの小さな会社の社長から経営相談を受けます。以前までであれば、業績アップや資金調達の相談が多かったのですが、ここ最近は採用や人間関係など、人に関する相談が圧倒的に多くなっています。なかでももっとも社長の頭を悩ませているのが人手不足問題。人材が採用できないだけではなく、採用の見通しも立たないため、経営の大きな負担となっています。

私たちのウィルウェイグループには、経営計画や人事評価制度があることを面接で伝えています。そのときの求職者の反応はとても良く、最終面接に来た人の内定成約率はほぼ100%です。つまり、内定を辞退して他社に行こうと考えている人がいないということです。このように求職者から選ばれる魅力ある会社の大きな要素のひとつが人事評価制度です。なぜ、人事評価制度があることで、求職者から魅力的に見えるのでしょうか。

明確な人事評価制度が整っている会社は、社員のスキルを向

上させ、キャリアを発展させることができる環境が整っているといえます。自己成長を重視する求職者にとって、こうした環境は大きな魅力となります。このような会社では、社員が自らの能力や成長を評価され、適切なフィードバックを受けることができます。定期的な評価やフィードバックを通じて、社員は自己成長の方向性を見出し、目標に向かって努力する意欲が高まります。また、評価制度が明確であることで、社員は自分の強みや改善すべき点を正確に把握し、効果的なスキルアップを図ることができます。

社内が活気に溢れている会社に魅力を感じる

さらに、社員からのフィードバックを取り入れる仕組みがある会社は、社員一人ひとりの声が聞かれ、尊重されるという印象を与えます。これは、求職者にとっても重要な要素です。社員が自分の意見や提案を積極的に発信できる環境が整っていることは、自己実現や働きがいを感じる上で極めて重要です。こうした環境では、社員が自らの働き方や環境改善に参加し、よりよい職場を築いていくことができます。

評価制度が生み出すモチベーションの高い職場は、エンゲージメントが高く、活気があり、社員の意欲が高いことが特徴です。求職者は、こうした職場での働き方に魅力を感じます。定期的な評価やフィードバックによって、社員は自らの成長や貢献度を実感し、自己満足感や達成感を得ることができます。また、評価制度が公平で透明性があることで、社員同士の競争心や協力意識が高まり、結果として生産性やチームワークの向上に繋がながります。

　このように、社員数が少ない小さな会社であっても、わかりやすい人事評価制度が運用されている会社は、他のほとんどの小さな会社が人事評価制度を持たないため、求職者からすると魅力ある会社に映り、結果として優秀な人材を惹きつける効果があるのです。

人事評価・報酬制度を導入する
8つのメリット

生産性
アップ

魅力ある
会社の誕生

ビジョン
浸透

やる気社員に
変わる

方向性の
ズレの修正

隠れた才能の
発見

明確な役割と
責任

人財が自然と
育つ環境

POINT

小さな会社は、仕組みを整えることで
強い会社経営ができる

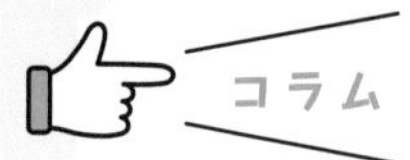

潰れない強い会社のつくり方①

強い会社が持っている２つの道具

経営の世界において、成功への道は多岐にわたりますが、長期にわたって安定した経営を続ける会社にはある共通した特徴があります。小さな会社の経営において、この共通点を理解し取り入れることは、事業の存続と発展の重要な鍵となります。日本昔ばなしの「桃太郎」を例に共通点を説明していきます。

桃太郎の話には、たくさんの人を巻き込みながら理想の未来を実現する秘密が隠されています。

桃太郎の概要は、桃太郎は人々を苦しめる鬼を退治すると決意し、老夫婦にもらった餞別のきびだんごを携えて旅に出ます。途中で犬、猿、雉がこのきびだんごに惹かれ、彼の仲間となります。その後鬼ヶ島に渡り、鬼たちと激しい戦いを繰り広げ、最終的に鬼たちを退治し、村に平和を取り戻したという話。

なぜ、桃太郎は理想の未来を手に入れることができたのか？

それは、桃太郎には「人々を苦しめる鬼を退治して村に平和を取り戻す」という「ビジョン」があったからです。この明確でわかりやすいビジョンは、たくさんの人の心を動かし、仲間や応援してくれる人を引き寄せました。ビジョンに共感してくれる仲間がたくさんいたことで、１人では到底成し遂げられない大きなことを成し遂げることができました。

ここでいう「ビジョン」を経営に置き換えれば、会社の理想の未来が描かれている「経営計画」に他なりません。経営計画におけるビジョンは、企業が目指すべき将来像を示すものです。このビジョンが明確でシンプルであればあるほど、目標に向かって進むための社員の指針となります。小さな会社では、経営者自身がこのビジョンを強く持ち、それを社員と共有することが何より重要です。ビジョンを共有することで、組織全体が一丸となって目標に向かって努力できるのです。

では、ビジョンだけで桃太郎は村に平和を取り戻せたか？

いいえ。途中で仲間に加わった犬、猿、雉の存在があってこそ。そして彼らの心が動いたのは、「ビジョン」と「きびだんご」があったからです。

ここでいう「きびだんご」を経営に置き換えれば、社員に支払われる「報酬」になります。桃太郎がきびだんごで仲間を集めたように、企業もまた、頑張った人が評価される「人事評価制度」を通じて、社員のモチベーションを高め、一体感を醸成する必要があります。きびだんごが桃太郎の仲間たちにとっての報酬だったように、人事評価制度は社員の努力や成果を正当に評価し、報酬を与える仕組みです。

これら２つの道具、ビジョンを示す「経営計画」と、頑張った人が評価される「人事評価制度」が整うことで、はじめて組織は本格的に動き出します。ビジョンが示す会社の未来の理想の姿を目指して、社員一人ひとりが自分の役割を理解し、その達成に向けて動き出すのです。そして、その過程での努力が適切に評価され、報酬として返ってくることで、社員のモチベーションはさらに高まります。

特に、社員数 30 人以下の小さな会社では、経営者と社員との距離が近く、個々の貢献や努力が見えやすい環境にあります。この特性を活かし、経営計画のビジョンと人事評価制度をしっかりと構築することが、会社を潰れない強い組織へと導く鍵となります。

第2章

なぜ小さな会社では、人事評価制度が失敗に終わるのか？

 1. 人事評価制度がすべてを解決してくれるという誤解

間違えた人事評価制度が社内にもたらすもの

私たちの会社では、社員数 30 人以下の小さな会社の社長を対象とした、「100 年塾」という経営塾を主宰しています。決算の数ヶ月前から塾に参加をし、来期の経営戦略から、新商品·新サービスのビジネスモデルの構築などを行うものです。

経営塾に参加している社長たちから、人事評価制度の相談を数多く受けます。目的によってはお断りするケースもあります。なぜなら、目的を履き違えて人事評価制度を社内に導入することで、混乱を巻き起こし、取り返しがつかなくなるからです。実際に人事評価制度に失敗をすると、社内では次のような状態が生じる可能性があります。

●社員のモチベーションが低下する
●退職者の数が増加し、人材が定着しない
●現場に負荷がかかって、継続ができなくなる
●評価者によって評価にばらつきの歪みが生まれる
●社内の雰囲気が悪化し、チームワークが低下する
●評価制度が実質的に機能せず、無意味になる

人事評価制度の導入次第では、このような状況が未来に起きる可能性があります。そのため私たちは、社長との面談の回数を重ねて、かなり慎重に行っています。ですから、「人事評価制度さえあれば、業績も良くなり、強い会社ができる！」と安易に考えないでください。

お客様の約６割が既存の制度からの乗り換え組

目的や現状の社内状況などに問題なく、人事評価制度の導入が決まった会社のうち、なんと約６割が既存の人事評価制度からの乗り換え組です。つまり、人事評価制度が既に社内にあり運用しているにもかかわらず、業績向上への貢献や社内活性化の仕組みとして疑問を感じている社長が多くいます。

人事評価制度導入の費用は決して安いものではありません。数十万円でできることは難しく、多くの場合100万円以上、高いところでは300万円を超えるものも存在します。これほど高額なコストを投じて人事評価制度を導入したにもかかわらず、小さな会社では失敗に終わるケースが後を断ちません。なぜ、失敗してしまうのか。これには５つの理由があるので、ここで紹介していきます。

✦ 2．失敗に終わる理由①複雑すぎる

社長も社員もよくわからないから頑張れない

これまで800社近くの会社に関わってきて、数多くの人事評価制度を見てきました。小さな会社の多くで人事評価制度が失敗に終わる理由のダントツ１位は「複雑すぎる」ことです。

人事評価制度の相談を受けて社長から現状の説明を受けるのですが、説明を聞いてもよくわからない。深掘りすればするほど、社長もよくわかっていない。そして、現場の社員もよくわかっていない。だから、誰が、何を、どれだけ、どのように頑張ればよいのか、成果を上げればよいのかがわからない。その

結果、社員は頑張る気力を失い、やる気を失います。そして、せっかく導入した人事評価制度は、目的を果たすことなく機能不全となります。

それでは、なぜ人事評価制度は複雑になってしまうのでしょうか。

そもそも、小さな会社では現場の社員が幅広い業務を担当することが一般的です。そのため、基本的に業務が複雑化していきます。この複雑な業務内容をきちんと評価しようとするため、より複雑な制度になる傾向が強くなります。

また、小さな会社では会社の目標や方針が不明確である場合が多くあります。そのため、組織が求める基準が不明確となります。目標や方針が不明確のまま人事評価制度を構築することで、より多くの評価基準が必要となり、複雑さを増大させる一因となっています。

シンプルでわかりやすい仕組みが「やる気社員」をつくる

これらと比べて、本書で紹介している人事評価制度は至ってシンプルな設計です。たったＡ３サイズ１枚の評価シートを使うだけで、半年間の評価をすることができます。ですから、**人事評価で必要になる資料は、年間を通じてもわずかにＡ３サイズ２枚だけで事足りるのです。**

100年塾式·人事評価制度のシンプルさの極みは、**賞与の金額は社長が決定しないこと**。評価シートを社員自らが計算するだけで、半期または年間を通じた自分の評価が決まります。そして、評価が決まることで自分がもらえる賞与金額が計算できるほど、シンプルな設計になっています。

さらに、私たちの会社では評価シートの管理は社員自身が行うというルールになっています。社員たちは毎月の評価面談が終了するたびに、大切に自分自身で保管しています。ですから、大切な人事評価の管理コストもゼロで運用できる。これも大きな特徴のひとつです。

小さな会社の人事評価制度を成功させるためには、シンプルで明確な制度を設計することが何より肝心です。社員がどのようにすれば給料や賞与がアップし、昇進が手に入るかが明確でさえあれば、自然と社員の士気は高まり、社内にはやる気のある社員が増え、結果として、本来の目的である強い会社づくりが実現します。

100 年塾式・人事評価制度特徴　【わかりやすいシンプルな設計】

特徴①　年間の評価がわずかＡ３サイズ２枚の評価シートで完了する
特徴②　評価シートを計算すると、自分の評価と賞与金額がわかる
特徴③　人事評価制度の負担となる管理コストがゼロ

3．失敗に終わる理由②手間がかかる

人事評価制度を運用する経営資源が足りない

社員数の少ない小さな会社では、限られたリソースの中で多くの業務を遂行する必要があります。このような状況で導入される人事評価制度が、社員にとって大きな負担となり、失敗に

終わる理由を詳しく解説します。

まず、多くの小さな会社には専任の人事部門が存在しません。そのため、人事評価制度の運用を限られたスタッフで行う必要があります。これは、既に複数の職務を担っている社員にとって大きな追加業務となり、組織全体にとっての大きな負担になります。

加えて、社員数が少ない会社では各個人が重要な役割を担っており、日常業務だけでもが非常に忙しくしています。このため、新しく人事評価制度を導入しても、それを運用するための適切な時間を確保することが非常に困難になります。

また、導入される人事評価制度が複雑であればあるほど、理解や運用が困難になります。特に訓練を受けていない小さな会社の経営者やマネージャーにとって、複雑な制度を正しく運用すること自体が高いハードルとなります。人事評価制度を効果的に機能させるためには、一貫性のある評価基準と定期的なフィードバックが不可欠ですが、日常業務の忙しさやリソースの不足により、これらのプロセスを継続的に行うことはかなりむずかしい環境と言えます。

やることは毎月たった15分間の面談だけ

100年塾式·人事評価制度は、もともと小さな会社でも評価制度を導入し、社員がイキイキと活躍し、強い経営を続けるためにつくられました。ですから、マルチタスクの日々の業務で多忙を極めている現場の社員のみなさんに、できるだけ手間がかからないように設計されています。

人事評価制度を運用するために、現場の社員に実施してもらうことは、シンプルに設計されたＡ３サイズの評価面談シート１枚を使って、毎月たった15分間面談をしてもらうだけです。さらに評価項目はたったの９個。評価面談シートに項目が書かれていますから、各項目の評価を上司と部下で話し合って記入してもらうだけです。たったこれだけのことで、自動化された評価プロセスにしたがって半期および年間の評価が決まります。また、各評価項目も数が少ない上に、この半期で会社が重点を置く方針がその項目の中に書かれているため、より具体的でわかりやすい内容となっています。

小さな会社で人事評価制度を成功させるための鍵は、シンプルさと実行のしやすさにあります。毎月たった15分間の評価面談を実施するだけのシンプルな評価制度を導入することで、小さな会社でも人事評価制度が効果的に運用され、社員のモチベーション向上やパフォーマンスの改善を図ることが可能になります。このように、運用のしやすさを重視した人事評価制度を採用することで、小さな会社でも社員の成長を支援し、組織全体の強化を実現することができるのです。

100年塾式・人事評価制度特徴　【短時間の面談をするだけ】

特徴④　毎月たった15分間の評価面談をするだけ
特徴⑤　準備するのはＡ３サイズの評価面談シート１枚だけ
特徴⑥　シンプルで具体的な評価基準と項目で構成

4.　失敗に終わる理由③不満要素になる

なぜ、社員は人事評価制度に不満を感じるのか

社長が人事評価制度を会社に導入したい目的は何でしょうか？

それは、成果を出した社員や方針に従って頑張った社員が、適切に評価される環境を整えるためです。しかし、その目的を達成するために導入したはずの人事評価制度が、実際のところ６割の人が現在の人事評価制度に不満を感じているというデータもあります。　(https://www.adeccogroup.jp/power-of-work/062)

その理由の上位を確認してみると、以下のような結果になっています。

- 評価基準が不明確
- 評価者の価値観や経験によってばらつきが出て、不公平だと感じる
- 評価結果のフィードバック、説明が不十分、または仕組みがない
- 自己評価よりも低く評価され、その理由がわからない

この調査結果にはもうひとつ面白いデータがあります。それは、「自分が適切に評価を行えていると思いますか？」という質問に、約８割の人が「行えていると思う」と答えていること。つまり評価される人は不満に感じているにもかかわらず、評価している人はできていると思っている。なぜ、このように評価する側とされる側で、評価制度の満足度にズレが生じてしまう

のでしょうか。

年1～2回の評価面談が誤解や不満を生む

評価の満足度にズレが生じる理由、それは評価面談の仕組みに問題があるからです。会社で行われる評価面談の頻度は、規模や業種によって異なりますが、年に1～2回程度行われるのが一般的です。また、中小企業では、資源や時間的制約から年に1回しか行われないケースも多くあります。

このように評価面談の回数が少なければ少ないほど、評価する側とされる側の認識を擦り合わせる機会が少なくなります。これにより、双方の間でコミュニケーション不足が発生し、評価する側が基準や期待を明確に伝えられないため、評価される側は自分の評価に対する期待や基準が不明確であると感じます。つまり、お互いの期待や理解に食い違いや認識のズレが生じ、人事評価制度に対する不満として表面化してしまいます。

毎月の評価面談が認識のズレをなくす

100年塾式·人事評価制度は、たくさんの時間と労力を使って導入したせっかくの人事評価制度が、このような社員たちの不満要素にならないように考えて設計されています。

最初に社員の評価と賞与が決まるベースとなる評価面談ですが、これは毎月実施します。つまり、年間12回実施した評価面談の結果をもとに、部下の評価が決まります。これだけ多くの機会を使いながら、評価に対する基準や期待を明確に伝えるため、双方のズレが生じにくくなります。

社会人にはお客様が２人いる真実

また、人事評価制度を導入するときは、社長が社員全員に説明するのではなく、社外の第三者の私たちがきちんと社内説明会を開催して、解説しています。そのときに必ずお伝えしていることは、「そもそも、**社会人にはお客様が２人いる**ことをご存じですか？」というものです。

１人目のお客様は、**会社の商品やサービスを購入してくださる人です**。これはみなさんがイメージするお客様そのものですね。そして２人目のお客様というのは、**自分のことを評価してくれる上司**のことです。社会人は２人のお客様に喜んでもらえるように仕事をする。その結果、お客様には商品・サービスを購入していただけ、上司からは良い評価をもらえる。このように「社会人にはお客様は２人いる」ことを理解することで、お客様と上司から何を求められているのか、また、どうしたら期待に答えられるかを考えるようになります。

このように社員の不満要素になる、評価する側とされる側の認識のズレを起こさないために、100 年塾式･人事評価制度では毎月評価面談を行います。これにより、認識のズレが起こらないだけではなく、上司と部下のコミュニケーションも円滑になるので、現場の雰囲気も良くなります。さらに、良い評価をもらうために、部下が上司に求められていることを実施するようになるため、強い組織ができあがります。

100年塾式・人事評価制度特徴　【不満要素は仕組みで解消】

特徴⑦　評価面談を毎月実施することで、認識のズレを解消 特徴⑧　２人のお客様に評価されるために、部下が動きはじめる 特徴⑨　上司と部下の指示系統が整い、現場に組織ができあがる

5．失敗に終わる理由④評価者にスキルがいる

複雑な人事評価制度には上司の評価スキルが不可欠

多くの人事評価制度が失敗に終わる理由のひとつに、「評価する人のスキル不足」という問題があります。多くの人事評価制度は評価項目が多く、さらに複雑なつくりになっています。それでも、社員数が数百人を超える大きな会社であれば人事部が存在し、複雑な評価制度を管理し、運用することができます。しかし、社員数の少ない小さな会社では、状況はかなり異なります。

小さな会社の多くは、評価を行う上司がプレイングマネージャーであることが一般的です。つまり、彼らは自分自身の仕事をこなしながら、部下の評価も行わなければなりません。このような環境では、複雑な評価制度を運用するための専門的スキルを習得する時間を確保することは難しいといえます。

現場の距離の近さを最大限活かした人事評価制度

小さな会社においては現場での作業が中心となることが多く、上司は常に部下と一緒に仕事をしています。そのため、特別な評価スキルがなくとも、部下の業務遂行能力や態度、成果

などを直接的に観察し、評価することが可能になります。加えて、100 年塾式・人事評価制度では、プロセスの評価項目がシンプルに 9 個に限定されているため、評価する人の評価スキルの必要性はさらに低くなります。

また、社長が幹部の、幹部が部下の評価面談を毎月繰り返し行うことで、徐々にフィードバックのやり方を体験から学び、評価のスキルを向上させることができます。年間 12 回の評価面談という仕組みを通じて、評価する人もされる人も無理なく成長できます。

100 年塾式・人事評価制度では、複雑で専門的な評価スキルは必要ありません。むしろ、現場での直接的な観察や、会社全体で共有された価値観に基づくシンプルで明瞭な評価基準が、公平かつ効果的な評価を実現します。評価制度は、その会社の規模や文化、環境に適したものでなければなりません。小さな会社だからこそ、現場のリーダーたちが自然と身につけているであろう、実践的で直感的な評価能力を最大限に活用すべきです。

100 年塾式・人事評価制度特徴　【特別な評価スキルはいらない】

特徴⑩　現場で一緒に働く上司が評価するため、直接的に評価できる
特徴⑪　評価項目が 9 個程度とシンプルで具体的でわかりやすい
特徴⑫　評価面談を繰り返しながら、評価スキルが身につく仕組み

6．失敗に終わる理由⑤評価項目が絶対評価

会社の成長を鈍化させる年功序列型「絶対評価制度」

これまでたくさんの人事評価制度を見てきました。多くの会社で導入している人事評価制度は「絶対評価」で評価するタイプです。絶対評価とは、「〇〇ができる、できない」と仕事や業務の可否で評価が決まるスキル重視の評価制度です。多くの既存の人事評価制度はこの絶対評価に基づいており、その結果、特定のスキルや成果だけが評価対象となるため、経営で重要になる社員間の関係性などが乏しくなる傾向があります。では、小さな会社で絶対評価を採用すると、なぜ失敗に終わるのでしょうか？

小さな会社では勤続年数が長くなればなるほどできる仕事が増えます。それがスキル重視の絶対評価の評価基準となることで、実質的には年功序列のような評価制度ができあがります。本来、成果を出した社員や方針に従って頑張った社員が、適切に評価される環境を整えるために導入したにもかかわらず、その目的が損なわれてしまうのです。

さらに、小さな会社が強くなれない理由のひとつが、出世するたびに会社への貢献度が低くなるからです。勤続年数が長くなるとできる仕事が増えます。それにより、評価が上がり出世をします。評価は絶対評価でされますから、出世することで評価は安定します。評価が安定することで、頑張る理由がなくなり、報酬が多い役職上位が新しいことに挑戦しなくなり、会社の成長は鈍化するのです。

会社の成長を加速させる粗利益連動型「相対評価制度」

小さな会社の経営では、スキルよりも価値観、能力よりも方針に評価の焦点を当てることが強い経営に繋がります。スキルや能力が高い人だけを評価すると、社内にはバラツキが生まれます。しかし、価値観や方針を重視した評価をすることで、会社全体に統一感のある文化·ブランドが生まれます。そのため、100年塾式·人事評価制度では、価値観や方針により重点を置いた評価項目を採用しています。

くわえて、小さな会社の経営を強くするために、「相対評価」で構成された人事評価制度を採用しています。相対評価とは、対象社員の中で期間内の成果や貢献度を比較し、評価する方法です。対象社員の中で比較するというのは、一般社員は他の一般社員との比較で、幹部社員は他の幹部社員との比較で評価されるという意味です。

つまり、どの役職にいても最大限の努力が求められ、成果を出した人、会社に貢献した人が正当に評価される仕組みなのです。この相対評価の評価制度によって全社員が、自分の貢献が直接会社の成長に関わっているという実感を持ち、モチベーションの向上に繋がります。

全体の業績アップが個人の報酬アップに繋がる

「相対評価で評価をすることで、社員同士ギスギスした関係になりませんか？」

このような質問をよく受けますが、私たちがこれまで導入支援を行った多くの企業からは、相対評価制度が導入されてから社員同士の関係がギスギスするという声は一度も上がっていません。それどころか、透明性の高い評価基準と公正なフィードバックにより、社員の間で相互理解と協力が促進され、チームワークが向上したとの声を数多くいただいています。

小さな会社の人事評価制度では、スキルや成果だけを評価の対象にする絶対評価ではなく、相対評価に基づく評価制度を導入することが何より重要です。これにより、全社員が等しく評価の機会を得られ、公平で活気のある企業文化が育まれます。会社で働くすべての人が会社の方針に基づいて行動し、貢献した人が評価されることで社員は自身の役割と貢献を認識し、会社の持続的な成長に繋がる強い組織を築くことができるのです。

100年塾式・人事評価制度特徴　【相対評価で評価が決まる】

特徴⑬　会社全体に統一感のある文化・ブランドが生まれる
特徴⑭　どの役職になっても頑張る、サボれない仕組み
特徴⑮　社内に生まれる適度な緊張感が強い組織をつくる

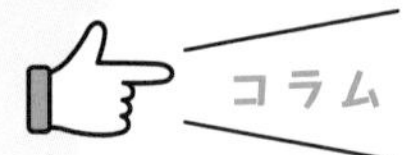

潰れない強い会社のつくり方②

小さな会社はルールと仕組みで強くなる

小さな会社を経営していると、日々たくさんの問題に直面します。私も21歳で起業してから30年間社長をしてきたのでよくわかります。しかし、その問題の原因を社員の能力や実力のせいにしている社長が少なくありません。

もちろん、これは大きな間違いです。社員にいくら能力や実力があったとしても、それを発揮できる環境が整っていなければ、強い組織をつくることはできません。

大阪には国道25号線の淀屋橋交差点付近に片側8車線の道路があります。もし、この広い道路に白線がなかったら、あなたは1年間交通事故を起こさずに運転することはできますか？　自分から事故を起こさなくても、ぶつけられる可能性もありますから、1年間無事故でいるのは不可能に近いほど難しいはずです。

つまり、日本でこれだけ交通事故が少ないのは、運転が上手い人が多いからではなく、交通ルールの仕組みが明確だからです。もしも白線がない、またはルールが不明確であれば、事故は絶えず発生します。そして、事故対応や渋滞で多くの時間が奪われることになります。つまり、交通ルールがあることで、スムーズに社会全体が回っています。

私はこれまで８００社を超える会社を見てきていますが、社内ルールがない、または明確でないため、多くの小さな会社では、いつも社内で「交通事故」が続出している状態です。経営者はしばしば、組織の規模が小さいため、形式的なルールや仕組みを必要ないと考えがちです。しかしそれでは、どんなに能力がある人も、このような環境では実力を発揮することはできません。

そもそも経営とは、活動の９割が繰り返しのものでできています。日々の業務、季節のキャンペーン、繁忙期や閑散期などに大きな変化はなく、成功のカギは日々の改善にあります。「昨日できなかったことを、今日できるようにする」というシンプルな経営の原理原則を実現するためには、社内のルールを明確にし、それを仕組み化することです。

ルールをつくること、そしてそれを仕組みに組み込むことは、単に業務の効率化を超え、社内でできることの範囲を拡大し、社員の能力を最大限に引き出すことができます。明確な人事評価制度を通じて、社員は自身の役割、期待される成果、そしてそれに対する評価基準を理解します。この透明性は、社内での「交通事故」を減少させ、全員が全力を出せる環境を整えます。

このような経営の原理原則に基づき、小さな会社を強くするため、社員の能力を最大限引き出すためのルールと仕組みが書かれたもの。これが「**経営計画書**」です。ここには、できなかったことをルールと仕組みで整え、次からは誰でもできるようにするための方針が書かれています。経営計画書が「小さな会社を強くする強化書」と呼ばれている理由はそこにあります。ルールと仕組みを明確にし、経営計画書で社員と共有し実行することで、小さな会社は業務効率の向上、業績の改善、そして最終的には顧客満足度の向上を実現できます。

経営者は、経営の９割が繰り返しであること、そして成功への道は日々の改善にあることを忘れてはなりません。ルールと仕組みを明確にすることで、小さな会社は効率的かつ効果的に運営され、社内の「交通事故」を減らし、社員が全力を出せる環境をつくることができます。経営計画書は、この目標を達成するための強力なツールとなります。小さな会社を強くするためには、経営者が率先してルールと仕組みの構築に取り組む必要があるのです。

第３章

100 年塾式・人事評価・報酬制度

フェーズ1：職位グループを決定する

1. 職位グループを決める

評価制度のベースとなる職位グループ

ここから本格的に人事評価制度づくりに入っていきたいと思います。

最初に、評価制度のベースとなる**「グループ（等級）」**を決めていきます。グループとは、社員を役割や責任、スキルなどによって区別することです。グループを使ってしっかり区別しておくことで、それぞれの社員がどのような仕事を担っているかがわかりやすくなります。

まずはこの「グループ」の段階数と基準を明確にします。これを明確にすることは、社員が目指す仕事やポジションに就くまでに、どのような仕事をいつまでに経験し、必要なスキル、能力をどのくらいのレベルで身につけるべきかの道標、つまりキャリアパスにも繋がります。会社に新しく入社してきた新入社員は、どのようなプロセスでどのように成長していくと役職がステップアップするのかがわかります。採用環境が厳しく人手不足が続く現在の状況では、社員数の少ない小さな会社でも、キャリアパスを整えると次のようなメリットを享受することもできます。

＜キャリアパスを導入する4つのメリット＞

① モチベーションの向上

社員が目指したいキャリアまでの道筋が明確になることで、社員のモチベーション向上が期待できます。キャリアパスがあることで、目指すべき将来の姿のために今、何をすべきかがより具体的に理解できるため、能動的に業務に取り組む意欲を培うことができます。

② 離職率の低下

小さな会社の経営を長期的に安定させるためには、人材の継続的な確保が不可欠です。そのためには、新しい人材の確保も大切ですが、離職率を下げることも重要となります。人事評価制度を導入して採用時にキャリアパスを提示すれば、応募者に入社後の働く姿や働き方をより具体的にイメージしてもらうことができ、応募者の入社率を高める効果が期待できます。また、入社前後における会社と応募者のミスマッチも軽減され、離職も減り、定着率向上も期待できます。

③ 優秀な人材の獲得

キャリアパスの提示は、会社が社員に対して成長を望んでいることやキャリアアップまでのサポートをすることを応募者にアピールできます。そのため、成長意欲の高い社員を確保しやすくなります。また、応募者にキャリアパスの詳細を伝えることで、「人材育成が行き届いている会社」と前向きな印象も与えられます。

④ 効果的な人材育成・人員配置が行える

会社がキャリアパスを示すことで、社員が目標を認識し、自らのキャリアプランとの相違がないかを確かめることができます。それにより社員それぞれの目標やキャリアプランに合わせた教育や研修、人員配置を適切に行えるようになるため、より効果的な人材育成が期待できます。

グループごとの職位とイメージを決める

グループの数は多すぎても複雑となり、少なすぎても魅力が減ります。そのため、はじめて人事評価制度をつくるときは５～７グループをおすすめします。この本では実際に弊社で 18 年間使用してきた生の人事評価制度を使って説明するため、グループ数は６段階となります。一般的には、社員数が 50 人以下の会社であれば、６段階で十分に対応できます。50 人を超える会社の場合は、７～９段階の間で自社に適したグループ数にしてください。

グループの段階数が決まったら、次はグループごとに**「職位とイメージ」**を決めます。職位とイメージとは、社員が組織の中で仕事をする上で、個々が担当する仕事や責務の範囲や役割をできるだけわかりやすく表したものです。

自社の職位とイメージを明確に定義すると、各社員がどのような責務を持ち、どのような役割を果たすべきかが明確になります。そうすると業務の進行がスムーズになり、責任の所在が明確化されます。また、職位とイメージが社内で共有されることで社員間の相互理解が深まり、コミュニケーションが活性化し、チームワークが強化されます。

グループ別の職位とイメージ

1グループ　オペレーション

新入社員：素直に真摯に業務の取り組む

2グループ　業務完遂

一般社員：自身の業務を１人で問題なく成し遂げる

3グループ　成果達成

中堅社員：決められた業務で成果を上げる

4グループ　部門マネジメント

課長：新たな収益をつくる／担当部門の目標を達成させる

5グループ　組織マネジメント

部長：３年先を見据えて組織戦略を策定する

6グループ　戦略マネジメント

本部長：５年先を見据えて経営戦略を策定する

POINT

担当する仕事の責任範囲や役割の明確さは
業務の進行をスムーズにする

2．ジョブレベルの基準を決める

社員に求めるジョブレベルの基準を決める

グループが決まったら、次はグループ別に**「求められる仕事のレベル（ジョブレベル）」**を決めます。これは、それぞれのグループに求められる総括的な仕事の内容とレベルをわかりやすく表現したものです。ここでは長年弊社で実践している６段階のグループで設計する場合を例として、基本的な考え方とポイントを説明していきます。

人事評価制度の基礎となる基準は、業界や職種、さらには会社の規模を問わず普遍的なものであるといえます。どのような企業でも、評価されるべき社員の資質や行動の基準は大枠で共通しています。

このようなビジネスの現場で求められる成果を実現するための欠かせない行動やスキル、これを人事評価の領域では**「コンピテンシー」**と呼んでいます。このコンピテンシーは、社員が持つべき能力や行動様式を指し、組織全体の目標達成に寄与するものです。

例えば、ある企業がチームワークを重視している場合、その会社のコンピテンシーには「協調性」や「コミュニケーション能力」が含まれるでしょう。別の企業が革新性を強調しているならば、「創造性」や「イノベーションへの取り組み」がコンピテンシーの一部となるかもしれません。

これらのコンピテンシーを明確に定義し、社員の日々の行動や成果に反映させることで、人事評価制度はより具体性と目的を持ったものになります。そしてこれは、小さな会社においても同様に、社員一人ひとりの成長と組織全体の発展を支援するための強力なツールとなります。

私たちの会社では、『人事の超プロが明かす評価基準』（西尾太著／三笠書房）で紹介されている普遍的で汎用的な絶対評価「45 のコンピテンシー」の一部を活用して、各グループが求められているジョブレベルを定義しています。この評価基準は、上場企業から社員 3 名のベンチャー企業まで、大小さまざまな成長著しい会社で実際に導入・運用されているものです。各グループの評価基準を決定する段階で、挫折してしまう社長が多くいます。そんな人には、ぜひ「45 のコンピテンシー」を参考にすることをおすすめします。

3．各グループに求められるジョブレベル

1グループ▷新入社員

【1】誠実な対応

周囲の人間に対して誠実に接し、相手から信頼される対応ができる。誰に対しても分け隔てなく接し、陰口など人を不快にさせる言動は慎む。周囲の人々に対して礼節をわきまえて素直に感謝の意を表し、ミスをしたときは言い訳をせずに素直に誤りを認める。

【2】ルール遵守

規律（ルールや約束）を守り、周囲から信頼される。自分自身に規律を求めることはもちろん、他の人がルールを違反した場合は、適切に指摘し改善を促す。ルール自体に問題点がある場合は、自ら改善策を提案する。

【3】マナー意識

初対面の相手にも好感を持たれる、社会人としての基本的なマナー意識を持っている。立ち振る舞い、身だしなみ、笑顔、言葉遣いなど、相手に不快感を与えない適切なマナーを身につける。挨拶、受け答え、電話対応等の基本的なスキルの獲得も必須。

【4】チームワーク

メンバーとして協調し、チームに積極的に協力する。困っている人がいれば助け、チームの目的を理解して働く。チーム内の自分の役割を把握し、責任を持ってその役割を果たす。自分が得た情報をチームに提供する姿勢や、メンバーそれぞれの特徴を理解する。

【5】伝達力

自分が伝えたいことを、わかりやすく相手に伝える。要点をしっかりとまとめて的確な伝え方をする。結論から先に伝え、後に理由を伝える、回りくどい形容詞を多用しないなど、相手を混乱させないように、簡潔かつ的確に伝える工夫や配慮が必要。

2グループ▷一般社員

【6】継続力

逆境や困難があっても、負けずに仕事に取り組み続ける力。やると決めたことは最後まで取り組み、単調なことでもコツコツ努力を継続する。不遇な時期や厳しい場面があっても、決して投げ出すことなく一人前を目指す。

【7】創造的態度

どんなことにも広く興味を持ち、好奇心を持って物事を捉える。人の出した新しいアイデアや発想を否定せずに積極的に受け入れ、発展させる。今の自分に満足せずに、人からのアドバイスを受ける柔軟性、現状がよりよくなる方法を常に模索する向上心も大切。

【8】情報収集

必要な情報を多方面から入手し、いろいろな人の意見を聞き、多くの情報ソースから得たものをまとめ、客観的な事実を捉えられる力。偏った判断をしないためには、幅広い情報源を持っていることが必要。

【9】成長意欲・学習意欲

自身のキャリアにおける目標を明確に持ち、そこに向かって自らの能力を伸ばそうと努力する。好奇心を持って能動的に学習し、他者からのアドバイスを常に求め、能力を高めるために経験値の蓄積への努力を怠らない。

【10】改善

改善とは、目標と現状の差異に注意を払い、現状をよりよく変えていくこと。よりよく業務を遂行するために、無駄を排除し、より効率的な仕事の進め方をする。現状の問題点を把握し、多くの無駄を削減することで業務効率化を図る。

3グループ▷中堅社員

【11】プロフィット

利益向上のための取り組みを仕掛け、実績を出す。コスト意識を持ち、常に採算を意識している。コストを削減する施策はないか、新しい儲けの種を見つけ自社に取り入れられないかなど、常に考え検証する。

【12】プレゼンテーション

プレゼンテーションは聞き手が求めることを理解し、わかりやすく要点をまとめ、効果的に伝えること。わかりやすい資料だけではなく、身振り手振り、表情、目線、話の抑揚、テンポなどに気を配ったプレゼンテーションスキルを用いて、魅力的に伝える。

【13】柔軟な対応

想定外の事態にも臨機応変に立ち振る舞う。さまざまな変化を受け入れ、今あるものを失ったとしても新しい世界に飛び込むことを厭わない。新しいアイデアや考え方について積極的に理解を示し、流行にも敏感で、さまざまな新製品や新サービスを試して、仕事に取り入れる。

【14】動機づけ

周囲に仕事の目的や意味を伝え、情熱を持って働きかけ、チームの活性化を促す。なぜそれをするのか、するべきなのか、行ったらどうなるのかを具体的に示し、各自が納得して目標を目指す雰囲気をつくる。

【15】目標達成

チームやプロジェクトの目標を達成する。あらゆる方法や手段を尽くし、決してあきらめず、最後の最後まで可能性を追求する姿勢が大切。計画と現状のギャップを把握し、その対応策を用意する。メンバー同士で常に声をかけ、励まし、相互に助け合う風土が重要。

4グループ▷課長

【16】課題解決案の提示

課題の解決案を複数導き出すためには、多くの情報収集をもとによく練られた複数の選択肢を示すことが大切。組織が決定するための選択肢を数多く提示し、メリットやデメリットや予想される結果を示し、最善な選択肢とその理由を説明する。

【17】組織運営

組織運営を行う上で大事なことは、さまざまな階層や職種によって成り立っている組織全体に目を配りながらマネジメントすること。すべての異なる人材を尊重しつつ、組織として目指す方向を示し、大切な価値観を共有するような働きかけをする。鷹の視点で問題解決策を提示する。

【18】創造的能力

未体験の問題解決に適した新たなアイデアを生み出し、企業活動の価値あるものとして具現化する力。従来の方法論や固定観念にとらわれず、目標や目的に向かって広い視野と発想力を駆使し、新たな解決策を生み出すことが求められる。

【19】人材育成（傾聴力）

人事評価を適切に行い、各々の強みを明らかにし、本人に認識させることが大切。しかるべきフィードバックを行いながら、個別の目標設定を促し、課題点を明らかにし、能力の向上を積極的に支援する。自分より経験が少ない部下の話を最後まで聞けるかが鍵を握る。

【20】人的ネットワーキング

社内外の人的ネットワークを構築し活用する。各分野の専門家との人脈を持てると、プロジェクト実現の可能性が飛躍的に向上する。多くの人脈を築くには、相手のメリットになる情報を提供したり、人と人を繋ぐ場を設けたりなど、信頼を得る努力が不可欠。

5グループ▷部長

【21】決断力

重要な決断を下して次の行動を指示すること。決断とは、他の選択肢を捨てることを意味し、それによって発生する責任を負う覚悟が求められる。だからこそ1つの決断には、複数の選択肢を徹底的に検証することが重要。

【22】変革力

前例や慣習にとらわれず、新たな価値を創造する。たとえ抵抗があっても、反対勢力に屈しない強さと覚悟が必要。常に危機意識を持ち、さまざまな情報を収集し、積極的に現状を変えていく発想と行動力が求められる。

【23】業務委任

適切な人材に仕事を任せ、成長の機会を与える。判断基準を合わせて、自分が責任を負いながら、業務を部下に委譲する。組織のビジョンの実現のために、より重要度の高い大局的な仕事に取り組む時間をつくる。

【24】人材発掘

社内外から優れた人材を見つけ、より能力を発揮する機会を与える。幅広い人脈を持ち、組織全体に人材育成を働きかけたり、多くの人の内面や実力を把握した上で、将来性のある人材を育てる仕組みを構築する。

6グループ▷本部長

【25】ビジョン策定

中長期的な視野を持ち、数年後のあるべき姿を具体的に示すこと。3年後、5年後には自社はどのような姿をしているのか、何を実現し、どこを目指しているのか。リスクも考慮した多角的な視点を持つことで、ビジョンを明確にし、社員に浸透させる。

【26】理念浸透

会社の理念に共感し、理念に基づいた言動を行うこと。会社が目指すものを自らの言葉で語ることができ、理念に則った行動を浸透させるのがリーダーの重要な役割。

【27】戦略策定

ビジョンを実現する戦略を策定して、誰もが理解する形で方針を示し、組織の向かうべき方向を明らかにする。会社の理想の姿を追求する具体的な筋道を複数精査し選定する。実行は他の選択肢を捨てることも意味する。その重大な決断を下し、責任を取る覚悟が求められる。

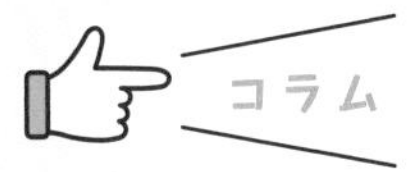

潰れない強い会社のつくり方③

小さな会社は逆算経営で強くなる

これまでの人生を振り返ってみると、人生で上手くいったときは、逆算で考えて行動していたなと気づかされます。たとえば、結婚式。日取りを決めて、誰を招待するかを決めて、いろいろな準備を整えて、結婚式が上手くいく。受験も同じ。行きたい学校を決めて、学校の対策をした勉強を積み重ねて、志望校に合格する。このように、あるべき理想の未来から逆算して準備を整えることで、理想の未来を実現できる可能性は格段に高まります。

これは会社経営においても同じです。５年後、１０年後の未来のあるべき理想の姿を明確に描き掲げることで、社内の士気も自然と高まり、全社員が同じ方向を向いて努力でき、理想の未来を現実にすることができます。

逆算経営を具体的に実践するためには、経営計画書にある「中期５カ年計画」が大きな役割を果たしてくれます。中期５カ年計画には、売上や経費・利益だけではなく、事業別の成長性や人員計画など、詳細な推移が具体的に書かれています。中期５カ年計画を策定することで、会社の現状とのギャップに気づき、**そのギャップを埋めるための具体的なアクションプランを立てることができます。**つまり、

５年後の未来のあるべき姿から逆算をして、今期の経営方針が決められています。

「富士山を登る！」と決めたからこそ、富士山に登ることができます。自宅のまわりを散歩していて、気がついたら富士山の頂上にいたという人はいません。小さな会社の経営も同様に、まずは目指す未来の理想の姿を決めることが何より重要です。その目標を達成するための具体的な方法は、後で考えれば大丈夫です。**経営は「決定」で決まるのであって、「やり方」では変わりません。**いつでも「決定が先、やり方は後」が正しい経営方法です。この逆算思考は、小さな会社を強く、持続可能な成長へと導く鍵となります。

また中期５カ年計画は、強い経営に役立つだけではなく、採用面でも大きなメリットをもたらします。理想の未来の姿が明確に書かれた経営計画書がある会社は、求職者にとっても魅力的です。その会社に、自分のキャリアプランを描きやすい環境があるかどうかは、就職活動において重要な判断基準のひとつになるからです。経営計画書を持っている小さな会社は１割ないといわれていますから、求職者が比較検討している他社に経営計画書が存在しないならば、採用面でも差別化の材料として大きな役割を果たしてくれます。

間違えない決定をするためには、長期的な視点から考えることが重要です。短期的な目先の利益だけを追求して決定をすることは、長期的に見たら間違った決定だったというのはよくあることです。**小さな会社の経営は社長の決定で 99%が決まります。**二宮尊徳の「遠くをはかる者は富み、近くをはかる者は貧す」という言葉にもあるように、５年先、10 年先を見据えた視点から逆算した経営判断をすることで、間違った決定をする可能性を減らし、潰れない強い会社をつくることができます。

小さな会社では、未来から逆算して経営を行うことが、会社を強くし、社員の士気を高めるための鍵となります。逆算経営は具体的な方法を生み出し、経営の方針を定め、採用面での利点ももたらします。未来のあるべき姿を明確にし、それを社員と共有する。そんな逆算経営で、小さな会社は強くなれます。

第4章

100年塾式・人事評価・報酬制度

フェーズ2：報酬制度を決定する

1．報酬制度の構造を周知する

フェーズ1では、職位とグループ、そして、会社が社員に求めるジョブレベルの基準が決まりました。この章ではフェーズ2として、各グループの基本給、昇給ピッチ、役職手当などの報酬制度を決定していきます。右図を参考に報酬決定ステップをみていきます。

報酬制度の理解が社員との信頼関係を築く

社員数の少ない小さな会社であっても、基本給、各種手当、賞与などの報酬制度をすべての社員に明確に周知することは、組織運営においてとても重要です。この透明性は、給料体系の公平性と理解を深め、社員と経営層の間に強固な信頼関係を築く基盤となります。

報酬制度を明確にすることで、自分の努力や成果がどのように評価され、給料や賞与にどのように反映されるのかを社員一人ひとりが理解することができます。これは、社員が自身の報酬に対して持つ納得感を高め、自分の仕事における価値を認識することに繋がります。結果として、公平な評価と報酬を受けているという認識が、社員のモチベーションや職場への満足度を向上させます。

また社員は、自身のパフォーマンスが報酬にどのように直接反映されるのかを明確に把握できます。これにより、具体的な目標設定とそれに向けた努力が促され、結果として組織全体の生産性向上に繋がります。個人の成長と組織の目標達成が同時に促されるため、会社としての競争力も強化されます。

報酬制度決定の5ステップ

ステップ1
基本給と昇給ピッチを決める
▶ 84 ページ

ステップ2
グループ手当（役職手当）を決める
▶ 89 ページ

ステップ3
各種手当を決める
▶ 93 ページ

ステップ4
賞与ポイントの配分を決める
▶ 98 ページ

ステップ5
昇進・更迭条件を決める
▶ 103 ページ

POINT

報酬制度を透明化することで、
社員のやる気と満足度を向上させる

私たちの会社では、報酬制度の詳細を、全社員が肌身離さず持ち歩いている経営計画書を使って周知しています。ですから、社員はいつでも書かれている内容を確認することができます。実際に経営計画書には次のように書かれています。

給料・賞与に関する方針

1．給　料

基本給…過去の実績です。成果を上げなくてももらえる給与です。成果を重視した経営を行うため基本給はあまり上昇しません。

手　当…どういう仕事をしているか。**手当が高いほど、難しく大変な仕事をしてもらいます。**

賞　与…どういう成果を出したか。代表から頂くものです。

〈経営計画書より〉

報酬体系勉強会で理解度を深める

私たちの会社では全社員を対象に、毎年９月に報酬体系勉強会を社内で実施しています。そこでは、報酬の構造を次のように説明しています。

「ウィルウェイグループの給料体系は、基本給と手当と賞与から構成されています。経営計画書に書かれているとおり、成果を重視した経営を行うため、基本給はあまり上昇しません。グループと評価によって昇給額は変わりますが、一般社員は約3,000円前後です。ですから、10年間勤務すると基本給が月額３万円、年間で36万円給料が上がります。この会社では基本給は勤続年数に比例して、これまでも、これからも必ず昇給をしていきます。

次に手当ですが、どういう仕事をしているかで決まります。また、手当が高いほど難しくて大変な仕事をしてもらうということです。

入社４年目の内田さんは、入社１年目から新人らしからぬ仕事の量と質をこなし、会社の期待を超える活躍が認められ、新人では異例の抜擢を受けます。すなわち、１年目終了時に２グループに昇進し、２グループ手当月額２万円が支給され、年間で24万円給料が上がったのです。

コツコツ頑張って昇給を積み上げていくこともよいのですが、このように仕事で成果を上げて昇進することで、与えられる新しい仕事も増え、新しいことにチャレンジする機会も増え、仕事が楽しくなります。もちろん手当も増えていきます。」

入社１年目の社員から幹部社員まで。必ず全員に参加してもらい、毎年同じ話を繰り返ししています。ですので、社内で給料体系の内容を知らないという社員は１人もいません。ここまで徹底して社員全員に周知させることで、給料体系の公平性と理解を深め、社員のモチベーションや職場への満足度向上に繋げています。

また、経営計画書の中の人事評価に関する方針には、次のようなことが書かれています。

人事評価に関する方針

1．基　本

（1）**給料はお客様から頂き、賞与は代表が支払いをする。**
（2）**頑張った人、頑張らない人の賞与に格差をつける。**
（3）チャンスは平等に与え、学歴による差別はしない。
（4）人事の最終決定は代表が行う。
（5）評価制度とは、継続的に社員を育成させる仕組みであり、人材育成を通じて経営目標を達成することが本来の目的です。

〈経営計画書より〉

世の中では、「賞与が下がった」「賞与が少ない」などと社員が話している姿をよく見ます。でも、私たちの会社では、そもそも賞与は社長が支払ってくれているもの。ですから、そのような話をする社員は１人もいません。それどころか、毎回全員翌日には私のところに来て、「今回も賞与ありがとうございました」とお礼を言いに来てくれます。

入社７年目を迎える安達さんは、過去に反省文を書きすぎたせいで賞与が半額になったことがあります。そんなときでも、「代表、賞与ありがとうございました。次回は絶対満額もらえるように頑張ります！」と、お礼と決意表明を伝えに来てくれました。

いかがでしょうか。

このように社員数が少ない小さな会社においても、基本給、手当、賞与といった報酬の構造を明確にし、周知することは極めて重要です。透明かつ公平な給料体系は、小さな会社が市場で競争し、優秀な人材を獲得し、成長させるための重要な鍵となります。

報酬の基準が中途採用組の誤解をなくす

中途採用やキャリア採用が多い小さな会社では、報酬の構造の周知は必ず行ってください。異なる企業文化や業界背景を経験した社員が持つ、報酬に関する期待値や前提条件には当然バラツキが生じます。つまり、中途採用者は異なる「アタリマエ」を持って入社してきます。

例えば、ある業界では成果主義が強調され、別の業界では年功序列が重視されることがあります。また、前職では具体的な賃金制度がなかったため、その人独特の考えを持っている場合も少なくありません。これらの異なるアタリマエを持つ社員が同じ会社で働く際、報酬の基準を明確にしておくことは、不公平感や誤解を避ける上で不可欠です。

人手不足問題が顕著な今、中途採用市場での競争が激化しています。その中で、報酬の透明性は企業の魅力のひとつとなります。企業が報酬体系を明確にし、それをオープンにしていることは、求職者に対して信頼性と魅力を伝えることに繋がり、優秀な人材を惹きつける要因になります。

したがって、中途採用やキャリア採用が多い小さな会社では、このように報酬の構造を社員に周知し、その理解を深めることが特に重要です。これにより、新たに加わる社員がスムーズに組織に溶け込み、長期的なエンゲージメントとパフォーマンスを向上させることが期待できます。

2．基本給と昇給ピッチを決める

社内の基本給の基準を決める

報酬の構造を理解したところで、次に基本給と昇給ピッチを決めていきます。

最初に、各グループ別の基本給の金額から決めていきます。基本給の金額を設定するにあたり、特に決められたルールはありませんが、必ず守るべき点は、各都道府県で定められている最低賃金以上であることです。それを除けば、特に厳格なルールはありません。

社員数が少ない小さな会社で基本給を決めるときに参考になる指標は、同業他社や業界平均の給料です。6段階のどのグループに位置する人がどれくらいもらっているのかも検討材料になります。また、地域の生活費や物価水準を考慮して決めることも重要です。

また、基本給は一度決定したら終わりではなく、経済状況や業界動向、業績の変化などに応じて定期的に水準を見直し、適切な調整を行うことが必要です。特に最近では、採用市場での競争力を考慮して給与水準を決定することもあります。実際、私たちの会社でも採用強化を目的として、2024年の1月、全社員に対してベースアップを実施しました。

各グループ別基本給を設定する

先に示したように柔軟な発想で、まずは1グループの金額を設定してください。1グループの基本給が設定できたら、2グループ以上はそれに加算する形で設定することができます。加算額の概算は下記のようになります。

各グループ別基本給（加算額）

1グループ　▷　190,000
2グループ　▷　205,000（+ 15,000）
3グループ　▷　225,000（+ 20,000）
4グループ　▷　250,000（+ 25,000）
5グループ　▷　280,000（+ 30,000）
6グループ　▷　320,000（+ 40,000）

ここで勘違いをしてはいけないのは、1グループの社員が2グループに昇進しても、基本給を2グループの金額に引き上げるわけではないということです。昇進をしたときに増えるのは、基本給ではなく、後ほど紹介する「役職手当」です。では、なぜ各グループの基本給を設定する必要があるのか。それは、中途採用やキャリア採用のためです。

前職の給与でグループ別に仕事と報酬を整える

中途採用やキャリア採用については、既にそれなりの経験や実績があるため、1グループからのスタートというわけにはいきません。したがって、面接のときに前職の給料（基本給または支給総額）を確認して、入社した場合どのグループに属するかを決定します。

多くの場合、想定しているグループ金額よりも多い金額が求職者から提示されるはずです。その理由は、そもそも中小企業においては賃金制度・人事評価制度を導入している会社が少ないからです。多くの会社が、社長が適当に鉛筆舐め舐めで決めています。したがって、前職の会社もそのように社員の基本給を決めているため、人件費が高騰しやすく、想定以上の金額が提示されるわけです。ですから驚く必要はありません。

では、このような場合はどうすればいいのか？

方法は２つあります。ひとつは、グループの基本給を求職者に見せ、「あなたから提示された金額だと弊社の○グループに当たります。ですから、社内ではこのような仕事での活躍が期待されますが、問題はなさそうですか？」と確認をします。

これで「問題ありません」という回答であれば、採用した後で、社内での活躍を確認します。もし、技術不足や能力不足を感じれば、試用期間中、または３～６ヶ月経過したときに面談などの場を設けて、グループの基本給の見直しを提案することもできます。

もうひとつの方法は、「今回の採用は３グループでの募集となります。ですから、こちらの基本給でよろしければ、採用の検討に入りたいと思いますが、いかがですか？」と、各グループ別の基本給があることで、こちら側から提案することもできます。

これらのように、中途採用やキャリア採用をするときに活躍するのがグループ別基本給ですので、この点、しっかりと社長は理解をしてください。

昇給の基準となる「昇給ピッチ」を決める

では、既存社員のグループが変更になるとき、基本給はどのように変わるのでしょうか？

そのメカニズムは、次に紹介する昇給ピッチを増額するというものです。それでは早速、その昇給ピッチを決めていきましょう。

「昇給ピッチ」とは、社員の給与が定期的にどの程度の割合や金額で増加するかを示す指標です。具体的には、昇給の頻度（例えば年に１回、半年に１回など）や昇給の際の平均的な増加率、増加額がこれに当たります。

昇給ピッチは、社員のモチベーション維持や目標設定、キャリアパスの計画に重要な役割を果たし、また、企業が人材を惹きつけ、維持する上での重要な要素のひとつとなります。企業によっては、業績や市場状況、ポジション、個人の業績や能力などに応じて昇給ピッチを調整する場合もあります。

昇給は少額でもいいので定期的に実施する

昇給ピッチはどれくらいに設定するべきでしょうか？

中小企業における昇給の割合は、多くの要因に依存します。国や業界、経済状況、企業の業績などによって大きく異なるため、一概には言い切れません。一般的には、中小企業の平均的な昇給率は年間で２～５％程度とされることが多いのですが、これはあくまで一般的な傾向であり、具体的な数字はその年のインフレ率や労働市場の状況、企業の財務状況に左右されます。特に小さな会社では、大企業に比べて利益率やキャッシュフローが限定的であるため、経営状態によって昇給率が変動しやすくなります。

昇給が安定的に毎年実施されると、働いている社員は将来に対する安心感を得られます。これは、従業員のモチベーション維持や職場の満足度向上、そして長期的な雇用維持に大きく貢献します。なぜなら、社員が自身の経済的な将来を安心して計画できるようになるため、仕事に集中し、生産性や企業への忠誠心も高まるからです。

グループ別昇給ピッチの考え方

私たちの会社の昇給ピッチについては下記のとおりです。

<各グループ昇給ピッチ一覧>

1グループ　▷　800円
2グループ　▷　1,000円
3グループ　▷　1,300円
4グループ　▷　1,700円
5グループ　▷　2,200円
6グループ　▷　2,800円

上記の各グループ別の昇給ピッチに、年間評価に基づく昇給ピッチ数3（B評価）を掛けた金額が、実際の昇給額となります。なぜ3を掛けた金額が昇給金額となるかについては、第7

章で詳しく説明します。

社員数の少ない小さな会社は、財務基盤が堅固でないことが多いため、昇級ピッチを無理して高く設定することは避けてください。昇給は安定的に毎年行われるべきであり、過度な昇給は企業の財務を圧迫する可能性があるためです。この章の冒頭でお伝えした報酬の構造を思い出してください。

基本給は過去の実績です。成果を上げなくてももらえる給料です。成果を重視した経営を行うため基本給はあまり上昇しません。

しかし、どんなに会社の業績が低迷しているとしても、昇給を確実に実施することで社員との信頼関係を維持し、さらに強化することができるのも事実です。ですから、高額な昇給を無理に行うのではなく、業績が良い年には昇給を手厚くするのではなく、賞与をしっかりと手厚く支払うことで社員に還元していくことをおすすめします。

✦ 3．グループ手当（役職手当）を決める

役職手当は仕事の難易度に応じた報酬

基本給と昇給ピッチが決まったので、次に「グループ手当（役職手当）」を決めていきます。

「グループ手当」とは、特定の職位に就いた社員に対して、そ

の役職に伴う追加責任や仕事の難易度に応じた報酬として支給される手当です。この手当は、社員が担う増加した責任を補償し、昇進やキャリアアップを目指す動機づけとして重要な役割を果たします。

　さらに、競争が激しい労働市場においては、企業が優秀な人材を引きとめる手段としても機能します。適切な役職手当の設定は、社員にとっての魅力的なインセンティブとなり、彼らの企業への長期的なコミットメントを促す効果があります。このように、役職手当は社員と会社双方にとって重要な価値を持つ報酬制度の一部です。

　私たちの経営計画書には、グループ手当はこのように書かれています。

<グループ手当>

（1）等級に関係なく、グループによる役職手当を支給する。

グループ手当一覧

1グループ　▷　なし
2グループ　▷　2万円
3グループ　▷　3万円
4グループ　▷　5万円
5グループ　▷　6万円
6グループ　▷　7万円

（2）役職手当が高いほど、難しい仕事をしてもらいます。

役職手当が規定通り支給される条件

この100年塾式·人事評価制度を18年にわたり運用してきた過程で、グループ手当の額を2回見直して増額しました。その目的は、会社の成長と業績に応じた対応と、より強固な将来の組織基盤を築くというものでした。この事例からもわかるように、グループ手当は会社の発展段階に応じて増額や調整することは可能です。

また、小さな会社の成長が鈍化するひとつの理由に、幹部社員の怠慢が挙げられます。詳しくは第7章で解説しますが、私たちの経営計画書には、グループ手当の金額の記載に加えて、以下のような具体的な条件が明確に書かれています。

＜役職手当が規定どおり支給される条件＞

1. ベクトル勉強会参加率90%以上
2. 個人面談実施率100%（半期6回）
3. ツキイチ改善実施率100%（半期6回）

上記の条件に満たない場合は翌半期の役職手当は50%支給とする。

6．手　当

（1）役職手当

①等級に関係なく、グループによる役職手当を支給する。

グループ	役　職	グループ手当
7G	本 部 長	100,000円
6G	部　　長	70,000円
5G	部長代理	60,000円
4G	課　　長	50,000円
3G	課長代理	30,000円
2G		20,000円

②**役職手当が高いほど、難しい仕事をしてもらいます。**

③幹部は半期連続２回前年比マイナス成長は更迭とする。
ただし、赤字部門・新規担当は前年より業績アップ中はこの限りではない。

④役職手当が規定通り支給される条件

a. ベクトル勉強会参加率90%以上

b. 個人面談実施率100%（半期６回）

c. ツキイチ改善実施率100%（半期６回）

この条件に満たない場合は翌半期の役職手当を50%支給する。１月と７月の半期ごとに条件達成状況をチェックする。

〈経営計画書より〉

小さな会社では、勤続年数が長くなると社内ルールの違反が起こりやすくなることがあります。理想としては、違反があった際には社長が直ちに指摘すべきですが、長年勤める社員に対しては顔色をうかがってしまい、しばしば指摘が避けられがちです。このようなことが繰り返されることで、グループ手当を受け取るにもかかわらず、会社の価値観や目指す方向性と合致しない社員が管理職に就くことが増えてしまいます。

このような問題を未然に防ぐために、経営計画書には具体的な条件を追記することが有効です。次に解説する各種手当も含めて、こうしたルールや仕組みがあることで、小さな会社も結束力のある強い経営を行うことが可能になります。

4．各種手当を決める

手当を増やして社員の年収を上げる

グループ手当が決まったところで、次は各種手当を決めていきます。

小さな会社で社員のためを思って導入された福利厚生も、現代の働き方やライフスタイルの多様化により、必ずしもすべての社員に合致するとは限りません。伝統的な福利厚生が、変化する働き手のニーズに対応できていないケースがあります。

例えば、最近は仕事とプライベートは明確に分けたいと考えている人が多く、社員旅行やイベント等を休日に行う福利厚生は好まれない傾向があります。社員旅行やイベントには、仕事から離れた場で従業員同士がコミュニケーションを取り、絆を深めるといったメリットがありますが、一方で開催前から開催後までの準備が膨大で担当者の負担が大きいというデメリットもあります。

私が考える最も効果的な福利厚生は、**「年収が増えること」**です。これは社員の満足度を最も高める要因のひとつであり、多くの社員にとって最も価値のある福利厚生といえます。そのため、私は「手当を増やして、社員の年収を上げる」ように尽力しています。

手当は一回限りの支給で終わるものではなく、状況や条件に応じて支給を続けたり、停止したりして適切に管理します。この柔軟な運用によって、社員のモチベーションを高める効果があり、同時に会社の目指す方向性を明確に示すことが可能です。

社員が喜ぶ各種手当一覧

各種手当の設定にあたり、私たちの会社で実際に導入しているいくつかの手当をここで紹介いたします。参考にしていただければ幸いです。

●各種手当①家族手当

配偶者や子供がいる社員に対して家族手当を支給します。家族（扶養）に増減が生じたときに申請し見直しをします。配偶者5,000円、子供1人につき5,000円。子供の手当は18歳までを上限にします。

子供が増えれば、それだけ育児にかかるお金も増えるので、子供の数が多くなるほど支給額を厚くしています。中途採用の場合は、いきなり家族全員分の手当を支払うことで、不公平感を抱く社員も現れます。ですから、入社したときの家族手当は奥様の分だけ。次の年は奥様と子供1人分というように、1年ごとに1人分ずつ増やしていく仕組みになっています。

●各種手当②非喫煙手当

すべてにまず健脳・健体ありき。自分を大事にする一環として、非喫煙を推進しています。非喫煙に対して年間12万円を賞与支給します。

タバコは「百害あって一利なし」とよく言われます。社員の健康を守ることは、企業経営において極めて重要な要素です。私自身、何かの縁で出会った社員たちと１年でも長く一緒に働きたい、楽しみたいと思っています。そのため、私たちの会社では健康促進の一環として、非喫煙者には高額の手当を支給しています。この手当のおかげで、当社には喫煙者がいなくなりました。入社時には喫煙者であった人も、他の社員が健康手当を受け取るのを目の当たりにし、タバコをやめる決断をしています。

●各種手当③永年勤続手当

10年・20年・30年勤続の役員および社員には、海外旅行をプレゼントする。海外旅行の計画があるときに、その費用として支給される。海外旅行に行く本人と、一緒に行く配偶者にのみ、それぞれ10万円を支給。この権利を行使しない場合、権利は繰り越される。

企業の規模にかかわらず、その基盤を築き上げてくれた功労者はどの会社にも存在します。現在の会社があるのは、過去に貢献してくれた社員たちの努力の賜物です。この感謝の気持ちを具体的な形で示すため、私たちは永年勤続手当を設けています。特に、配偶者がいる社員は支給額が倍になるため、「勤続10年までには結婚する！」と意気込んでいる社員もいます。

●各種手当④墓参り手当（年２回まで）

目上の人を敬う文化を推奨する。年に最低一度墓参りに行く。報告書（写真付）を3日以内に代表にSlackにて報告する。手当として5,000円支給する。一度も行かなかった人は反省文とする。

私たちの会社には**「半径3メートル以内に大切なモノは全部ある」**という共通の言語があります。半径3メートル以内にいる人には、仲間、お客様、そして家族が含まれます。多くの会社でお客様第一主義を掲げていますが、私たちは仲間や家族をないがしろにする人がお客様を大切にできるとは考えていません。この考えのもと、社員は年に少なくとも2回、お盆と年末年始に先祖に感謝の気持ちをカタチで表すというのが私たちの企業文化です。

これには大きな副産物があります。普段は墓参りなど見向きもしなかった子供たちが、いきなり実家に帰ってきた際に「墓参りに行ってくる」といって墓参りに行きます。これに驚いたご両親が理由を尋ねると、「家族や先祖を大切にできない人はお客様も大切にできない。だから必ず行ってきなさいと言われている」と話をします。それを聞いたご両親は、「しっかりした素晴らしい会社だ」と会社の応援団になってくれます。そのため、社員が仕事で壁にぶつかり転職などを考えているときに、「こんなにいい会社はなかなかないよ、もう少し頑張ってみたら」と励まし、家庭でサポートしてくれるありがたい存在となってくれます。ある社員のお母さんは私のメルマガまで登録してくれて、家庭でもしっかりとサポートしてくれているほどです。

●各種手当⑤円安手当

インフレによる物価高騰の補助として月額１万円を支給する（※１ドル130円未満になるまで）。

会社づくりは国づくりと同じと考えています。そのため、国が動かなければ、会社が動く。こんな気持ちを持っていつでも経営にあたっています。2022年の３月中旬から始まった円安。３月上旬までは１ドル115円前後で推移していましたが、４月下旬には131円、10月には一時152円近くま

2．手　当

（1）**家族手当**
家族（扶養）に増減が生じたときに申請し見直しをする。（子供の手当は18歳まで。配偶者5,000円　子供一人につき5,000円）

（2）**非喫煙手当**
全てにまず健脳･健体ありき。『自分を大事にする』一環として、非喫煙を推進する。非喫煙者に対して年間120,000円を賞与支給する。

（3）**住宅手当**
会社に近い場所から通勤する若手社員に、月額1G10,000円、2・3G15,000円を支給する。ひとり暮らし、定期代10,000円以内、独身を条件とする。

（4）**永年勤続手当**
10年・20年・30年勤続の役員および社員は、海外旅行をプレゼントする。海外旅行の計画があるときに、その費用として支払われる。海外旅行に行く本人と一緒に旅行に行く配偶者にのみそれぞれに100,000円を払う。この権利を行使しない場合、権利は繰り越される。

（5）**墓参り手当（年２回まで）**
目上の人を敬う文化を推奨する。年に最低一度墓参りに行く。報告書（写真付）を３日以内に代表にSlackにて報告する。手当として5,000円支給する。一度も行かなかった人は反省文とする。

〈経営計画書より〉

で上がりました。この急激な円安とそれに伴う各種物価が高騰したため、社員の負担を軽減するために円安手当の支給を決定しました。社員はこの迅速な会社の対応を喜んでくれていました。

このように手当の適切な調整は、社員のモチベーション向上に繋がり、会社の姿勢が伝わる瞬間でもあります。導入されたこの円安手当は、後に1万円のベースアップへと移行し、現在は支給を終了しています。

5．賞与ポイントの配分を決める

頑張って成果を上げた人が評価される仕組み

各種手当が決まりました。次はいよいよ賞与の配分で使用する賞与ポイントを決めていきます。

職業柄、たくさんの社長たちから経営相談を受けますが、小さな会社では賞与をもっと効果的に使うべきだと強く感じます。賞与が適切に活用されていないと、社員のモチベーションだけでなく、経営全体の勢いにも影響が及ぶことがあります。

基本給は過去の実績で、手当は職責で決めますが、賞与は成果で決めます。100年塾式・人事評価制度では、同一グループごとに相対評価で差をつけ、頑張った人がたくさん賞与をもらえる仕組みで構成されています。

この**相対評価**とは、同じグループ（役職）に属する社員を比較して、評価結果に順位をつけるやり方です。賞与額をはじめ、昇給額や昇進はすべて相対評価の成績によって決まります。会

社の業績には関係なく必ず順位がつきます。

相対評価の鍵を握る各評価と割合

各グループの「S 評価」「A 評価」「B 評価」「C 評価」「D 評価」評価の割合は次のとおりです。

S 評価▷全体の 5%
A 評価▷全体の 20%
B 評価▷全体の 55%
C 評価▷全体の 15%
D 評価▷全体の 5%

このような相対評価の人事評価制度を見ると、「社内で比較することで良い評価と悪い評価の社員が生まれる。これでは社内の雰囲気が悪くなる」と懸念する社長がいますが、このような考え方では強い会社はつくれません。「いる気社員」を「やる気社員」に変えるためには、成果を出した社員には高い評価を、出せなかった社員にはそれに見合った評価をします。そうすることで、次の半期に向けた強いモチベーションの向上に繋がります。

小さな会社が一番やってはいけない人事評価制度とは、**努力の差が反映されない不明確な人事評価制度**です。これではせっかくの「やる気社員」も「いる気社員」に変わってしまいます。頑張っても頑張らなくても評価が同じなら、頑張らない社員がまともです。小さくても強い会社をつくるためには、すべての社員にチャンスは平等に与えて、成果によって評価の差をつける環境を社長が整えることです。

負けた経験や悔しい想いが社員を成長させる

評価というのはシンプルなものです。半期を通じて高いパフォーマンスを上げた社員には良い評価を与えることで、社員の満足度は高まります。逆に、低いパフォーマンスだった社員が過大評価を受けても、社員本人は嬉しくありません。低いパフォーマンスだった場合は、悪い評価を受け入れる。**人は負けを認めることでさらに成長して強くなっていきます**。

そして、**この評価制度は半期ごとにリセットされる**ため、「今期は成果を出せなかったけど、次の半期では挽回するぞ」というリベンジに挑む社員がたくさんいます。毎半期ごとにリセットされる評価は、新たな挑戦への意欲を刺激し、それがこの人事評価制度の大きなメリットのひとつです。

半期ごとの成果に応じた評価「S評価」「A評価」「B評価」「C評価」「D評価」が決まったら、各評価の賞与ポイントに応じて賞与額が決まります。賞与額の決定は第7章で解説するので、そこで使用する賞与ポイントをここで設定します。

相対評価の評価割合

高評価	S評価	全体の5%
↑	A評価	全体の20%
	B評価	全体の55%
↓	C評価	全体の15%
低評価	D評価	全体の5%

社員配分サンプル						
	5人	**10人**	**15人**	**20人**	**25人**	**30人**
S評価	0	0（1）	0（1）	1	1	2
A評価	1	3（2）	4（3）	4	5	6
B評価	4（3）	5	8	11	14	16
C評価	0（1）	2（1）	3（2）	3	4	4
D評価	0	0（1）	0（1）	1	1	2

POINT

賞与額、昇給額、昇進、更迭のすべてが半期ごとの相対評価の成績で決まる

賞与ポイント一覧表

[賞与ポイント]

	構成比	5%	20%	55%	15%	5%
評価	ピッチ	S	A	B	C	D
6G	2,800	800	560	400	280	200
5G	2,200	560	400	280	200	140
4G	1,700	400	280	200	140	100
3G	1,300	280	200	140	100	70
2G	1,000	200	140	100	70	50
1G	800	140	100	70	50	35

４グループの社員がＡ評価を取ると、賞与ポイントは「280点」です。同じ４グループの社員がＣ評価を取ると、賞与ポイントは「140 点」です。Ａ評価とＣ評価の差は２倍になるように設計されています。このように、成果を出した人と出せなかった人に差をつけます。

半期ごとの成果次第で相対評価によって評価が決まり、その評価で賞与額をはじめ、昇給額、昇進のすべてが決まります。このようにして、**会社の業績にかかわらず、頑張った社員と頑張らなかった社員の賞与に差がつくことで、業績が悪くても、社員のモチベーションを保つことができます**。

6．昇進・更迭条件を決める

昇進を決める３つの条件

相対評価による評価方法と賞与ポイントが決まりました。次に昇進・更迭の条件を決めます。

公平なルールのもとでチャンスを平等に与えることで、人は成長していきます。つかんだチャンスを成果に繋げ、高い評価をもらった社員には昇進のチャンスが巡ってきます。100年塾式人事評価制度では、**昇進をするためには次の３つの条件を満たす必要があります**。

① 昇進ポイント
② 評価
③ 条件

この３つの条件を満たすことで昇進の対象になります。

例えば、１グループは昇進ポイントと条件は関係なく、評価の項目だけで昇進が決まります。つまり、２年間でＡ評価を２回、またはＳ評価を１回取れば、上司からの申請があった場合に２グループに上がれます。

次に、２グループの場合を見てみましょう。**２グループからは「昇進ポイント」の項目が加わります**。

100年塾式・人事評価制度では、半期ごとの評価によって昇進に必要な昇進ポイントが次のように決まっています。

昇進・更迭条件を決める

昇進ルール

グループ	昇進ポイント	評価	条件
1→2	なし	2年間でA 2回 またはS 1回	なし
2→3	40	直近1年以内に SまたはA評価	なし
3→4	50		決められたことで 成果を出す
4→5	50		新たな収益をつくる
5→6	50		

半期の評価	S	A	B	C	D
昇進ポイント	5	4	3	2	1

更迭・敗者復活ルール

① 半期評価で連続3回C評価で更迭する（1段階更迭）
② 賞与ゼロ（2段階更迭）
※ ①は下のグループでA評価を取れば自動復帰できる

昇進ポイント表

半期の評価	S	A	B	C	D
昇進ポイント	5	4	3	2	1

例えば､「A 評価」を取ると「４ポイント」の昇進ポイントを獲得します。２グループから３グループに昇進するためには、「40 ポイント」が必要です。上期も下期も「A 評価」を取ると、１年で「８ポイント」になるので、５年で３グループに昇進できます。しかし、「40 ポイント」に達していても、評価項目の「直近１年以内に S･A 評価」をクリアしていないと昇進することはできません。

さらに３グループからは「条件」の項目が加わります。

３グループの条件は **「決められたことで成果を出す」** であり、４グループの条件は **「新たな収益をつくる」** ことです。ですから、昇進ポイントが規定を満たしていても、「直近１年以内に S・A 評価」をクリアしていても、「新たな収益」をつくれていなければ、５グループに昇進することはできません。

抜擢昇進が社内を活性化させる

このようなルールを決めると、各グループで数年間も頑張らないと昇進できないのか、と思う人もいるかもしれません。しかし私たちの会社では、昇進ポイントに関係なく昇進することを **「抜擢昇進」** と呼んでいます。抜擢昇進は実力主義であるため、年齢や勤続年数にかかわらず適用されます。

抜擢昇進の対象者は次のケースです。

①S・S評価を受けた社員
②特別な功績が認められた社員

抜擢昇進の話をすると多くの社長が「○○さんはまだ若いから」とためらいますが、**若さはためらう理由ではなく抜擢する理由です**。抜擢昇進をして、まずやらせてみる。やらせてみてから考える。ダメだったら戻せばよいだけです。

上司からの申請がなければ昇進はできない

次のグループに昇進するためには、「昇進ポイント」「評価」「条件」の3つの要件を満たすことが昇進対象となることはお伝えしてきました。しかし、昇進対象となってもすぐに昇進できるとは限りません。**この3つの要件を満たしていても「部下を昇進させてください」という、上司からの申請がなければ昇進できないルールになっています**。

このような制度になっている理由は、会社（経営）は団体戦だからです。個人のわがままや独断を許しては、大きな成果を上げることはできません。ですから、上司の言うことを聞かない部下は昇進できないのが正しいと考えているためです。3つの要件を満たしていながら、上司からの申請がない場合は、人事異動などをして他の上司に配属を変え、改めてチャンスを与えています。

更迭の条件と敗者復活のルール

上のグループに上がる「昇進」があるわけですから、下のグループに下がる「更迭」もあります。更迭の条件は下記のとおりです。

① 半期評価で、連続３回Ｃ評価で更迭する（１段階更迭）
（下のグループでＡ評価を取れば自動復帰できる）
② 賞与ゼロ（２段階更迭）

更迭の条件

5．更　迭
（1）昇給評語で連続３回Ｃ評価で更迭する（１段階更迭）
（下のグループで昇級評語Ａを取れば自動復帰できる）
（2）賞与ゼロ（２段階更迭）
（２グループ以下の社員は解雇）
〈経営計画書より〉

強い組織をつくるための人事評価制度で欠かせないことは、**敗者復活のルールがあることです**。昇進ばかりで更迭のない組織は、**昇進した人の心に余裕とスキが生まれ勢いが弱まります**。更迭のルールがあることで、**社内に適度な緊張感が保たれます**。さらに、更迭した人であっても敗者復活の明確なルールがあります。**これにより、踏ん張りのきく強い社員が育つ環境が整います。**

この章では、人事評価制度の骨組みとなる基本給から昇給ピッチ、各種手当、賞与ポイント、昇進・更迭条件を解説しました。小さな会社でも運用できるように、必要最低限の内容でシンプルに構成されています。

報酬制度の構造を透明化することにより、社員は自らの努力や成果がどのように評価され、その結果が給料や賞与にどのように反映されるのかを理解し、自分自身の報酬に対しての納得感に繋がります。このような公正で明瞭な評価を受けているという実感は、社員のモチベーション向上と職場における満足度の向上に大きく寄与します。

潰れない強い会社のつくり方④

小さな会社は整理整頓で強くなる

社内環境を整えることは、一見すると単純なことに思えますが、実は会社の業績に大きな影響を与える重要な要素です。これまで800社を超える会社を見てきた経験では、業績が良くない会社の多くは社内が乱れていました。乱れているのが「物」だけだったらよいのですが、物が乱れている会社では、自ずと「人」も乱れているから面白い。これら目に見えるものが整っていないことが業績向上の妨げとなっています。

以前お会いしたある社長から、「整理整頓すれば会社が良くなるんだったら、こんなに苦労しませんよ」と言われたことがあります。確かに整理整頓だけで会社が良くなることはありませんが、一方で整理整頓をしていない会社が強くなることもありません。その理由をここで少し深掘りしていきます。

最初に整理整頓の言葉を再定義しましょう。「整理」の意味を聞かれてすぐに答えられる人はほとんどいません。整理とは、いる物といらない物を分けて処分すること。つまり「捨てること」です。次に「整頓」の意味は「整えること、揃えること」です。つまり**整理整頓とは「捨ててから揃えること」です**。この意味を理解し、実践するだけで、社内のモノが整うだけではなく、業務プロセスも改善されていきます。

この整理整頓の中で最も難しいことは「捨てること」です。これには時に痛みを伴うこともあり、勇気が必要です。ですから、多くの会社が「捨てること」を躊躇し、結果として働く環境や業務環境が整わず、業績向上が遠のいています。

強い会社をつくるための原理原則は、**上手くいっていないことをやめて、上手くいっていることを数多く回すことです**。上手くいっていないことを「整理」してやめる。するとそこで使っていた経営資源があまる。それを上手くいっていることに再投資する。このサイクルを数多く回すことで、業績は向上します。強い会社をつくる方法はとてもシンプルです。

整理整頓に清潔・礼儀・規律を加えた5つをまとめたものを「環境整備」と呼びます。この環境整備には3つのステップがあります。

まず、目に見える「モノ」を整えることからはじめます。これは、職場を誰にとっても快適で清潔な状態に保つことを意味します。次に、「ヒト」の整理整頓を行います。これは、挨拶や身だしなみ、しつけといった第一印象に関わる要素が含まれます。最後に「コト」、つまり仕事のプロセスを整えます。仕事のプロセスは目に見えないため、モノとヒトが整った環境でなければ、効果的に整理整頓することは難しい。ですから、強い会社をつくるためには、まずは目に見えるモノとヒトを徹底的に整えることからはじめます。

私たちウィルウェイグループは、この環境整備を愚直に19年間続けてきました。その結果、小さな会社であるにもかかわらず、労働生産性（社員一人あたりの粗利益額）が2400万円と、中小企業平均の540万円の4倍に達しました。これだけ高収益体質に変われた理由は、モノが整い、ヒトが整い、そしてコト（仕事）の環境が整ったからです。

この体験から感じること。それは小さな会社であっても、社内を整えることで強い会社に変われるということです。環境整備は単なる片づけではなく、それ以上の意味と価値を持ちます。それは、会社の文化を形成し、業績を向上させるための基盤と社内文化をつくるプロセスだからです。社内の「モノ」「ヒト」「コト」を徹底的に整えることにより、小さな会社でも大きな成功を収めることができるのです。

第5章

100 年塾式・人事評価・報酬制度

フェーズ3：評価制度を決定する

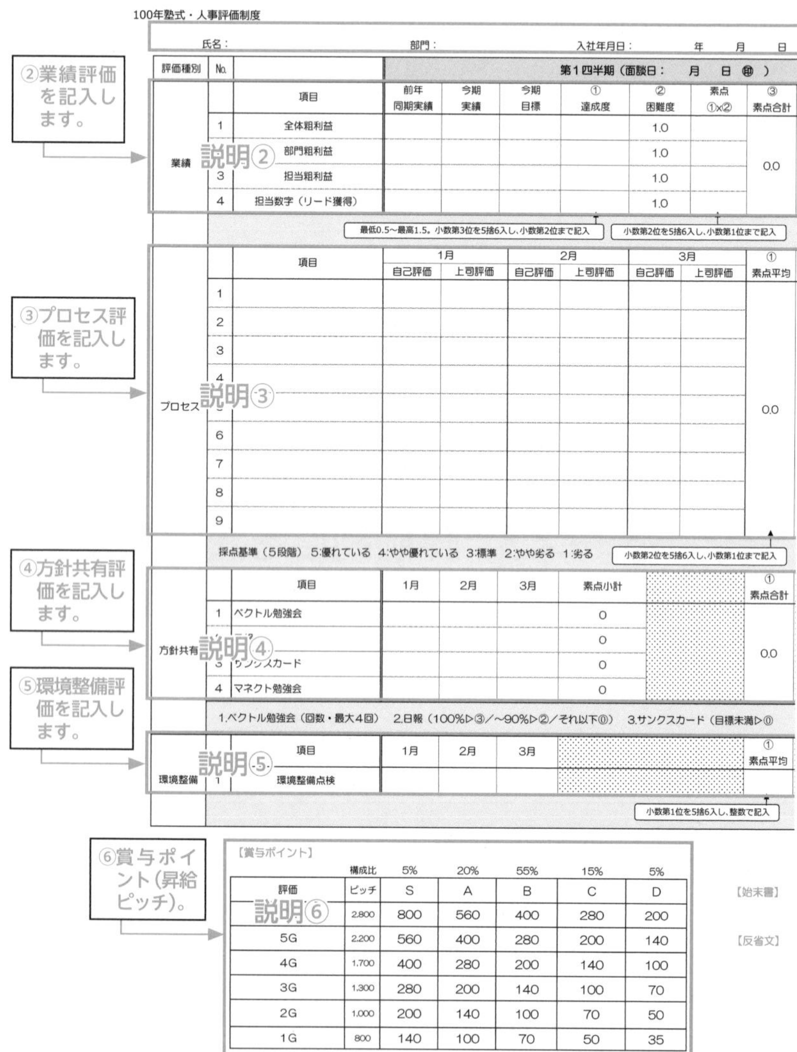

100年塾式・人事評価制度

氏名：　　部門：　　入社年月日：　年　月　日

評価種別	No.	項目	前年 同期実績	今期 実績	今期 目標	① 達成度	② 困難度	素点 ①x②	③ 素点合計
		第1四半期（面談日：　月　日㊞）							
業績	1	全体粗利益					1.0		0.0
	2	部門粗利益					1.0		
	3	担当粗利益					1.0		
	4	担当数字（リード獲得）					1.0		

最低0.5～最高1.5。小数第3位を5捨6入し、小数第2位まで記入　小数第2位を5捨6入し、小数第1位まで記入

評価種別	No.	項目	1月 自己評価	1月 上司評価	2月 自己評価	2月 上司評価	3月 自己評価	3月 上司評価	① 素点平均
プロセス	1								0.0
	2								
	3								
	4								
	5								
	6								
	7								
	8								
	9								

採点基準（5段階）5:優れている　4:やや優れている　3:標準　2:やや劣る　1:劣る　小数第2位を5捨6入し、小数第1位まで記入

評価種別	No.	項目	1月	2月	3月	素点小計	① 素点合計
方針共有	1	ベクトル勉強会				0	0.0
	2	日報				0	
	3	サンクスカード				0	
	4	マネクト勉強会				0	

1.ベクトル勉強会（回数・最大4回）　2.日報（100%▷③／～90%▷②／それ以下⓪）　3.サンクスカード（目標未満▷⓪

評価種別	No.	項目	1月	2月	3月	① 素点平均
環境整備	1	環境整備点検				

小数第1位を5捨6入し、整数で記入

【賞与ポイント】

	構成比	5%	20%	55%	15%	5%
評価	ピッチ	S	A	B	C	D
	2,800	800	560	400	280	200
5G	2,200	560	400	280	200	140
4G	1,700	400	280	200	140	100
3G	1,300	280	200	140	100	70
2G	1,000	200	140	100	70	50
1G	800	140	100	70	50	35

①氏名・部門・入社年月日・グループ・上司など記入します。

⑧グループ別ウエイト配分。

グループ： 説明① 上司 上期

④業績ウエイト	⑤乗数	合計(A) ③x④x⑤ (小数第1位を5捨6入)	前年同期実績	今期実績	今期目標	①達成度	②困難度	素点①x②	③素点合計	④業績ウエイト	⑤乗数	合計(A) ③x④x⑤ (小数第1位を5捨6入)
50 %	30.0						1.0		0.0	50 %	30.0	
							1.0					
							1.0					
							1.0					

第2四半期（面談日： 月 日 ㊞ ）

説明⑧ 0% 3ｸﾞﾙｰﾌﾟ50% 4ｸﾞﾙｰﾌﾟ70% 5&6ｸﾞﾙｰﾌﾟ80%

第1四半期注意書きと同じ

②プロセスウエイト	③乗数	合計(B) ①x②x③ (小数第1位を5捨6入)	4月 自己評価	4月 上司評価	5月 自己評価	5月 上司評価	6月 自己評価	6月 上司評価	①素点平均	②プロセスウエイト	③乗数	合計(B) ①x②x③ (小数第1位を5捨6入)
50 %	5.0								0.0	50 %	5.0	

説明⑧ ｸﾞﾙｰﾌﾟ70% 3ｸﾞﾙｰﾌﾟ50% 4ｸﾞﾙｰﾌﾟ30% 5&6ｸﾞﾙｰﾌﾟ20%

第1四半期注意書きと同じ

	②乗数	合計(C) ①x② (小数第1位を5捨6入)	4月	5月	6月	素点小計		①素点合計		②乗数	合計(C) ①x② (小数第1位を5捨6入)
	1.0					0		0.0		1.0	
						0					
						0					
						0					

／目標達成▷③／それ以降10枚につき①点追加） 4.マネクト勉強会（参加③・不参加⓪）（項目最大素点3点）

	②乗数	合計(D) ①x② (小数第1位を5捨6入)	4月	5月	6月		①素点平均		②乗数	合計(D) ①x② (小数第1位を5捨6入)
	1.3								1.3	

1ｸﾞﾙｰﾌﾟ1.1倍 2ｸﾞﾙｰﾌﾟ1.2倍 3ｸﾞﾙｰﾌﾟ1.3倍 4ｸﾞﾙｰﾌﾟ1.5倍 5・6ｸﾞﾙｰﾌﾟ1.5倍

第1四半期注意書きと同じ

評価総合計(A+B+C+D) 説明⑨

⑨四半期ごと評価総合計。

評価総合計(A+B+C+D) 説明⑨

有・無 枚
2枚で賞与半額
有・無 枚
2枚で始末書1枚

【賞与】 説明⑦

評価／点数	賞与ﾎﾟｲﾝﾄ	ポイント単価	禁煙手当	禁煙手当支給率
／	⑦	⑧	60,000円	%
賞与支給計算 ⑦×⑧＝⑨		⑨ 0	禁煙手当支給額	⑩
賞与支払総額 ⑨＋⑩＋始末書＝⑪		⑪ 0 円		

上期評価合計
説明⑩
上期評価

勤続年数別支給率▷ 1年未満20% 2年未満40%
3年未満60% 4年未満80% 4年以上100%

⑦賞与計算ボックス。

⑩半期の評価合計点数と評価。

1．4つの評価項目を決定する

評価面談シートで「人」ではなく「やったこと」を評価する

この章では、評価面談シートの作成プロセスについて詳しく説明します。

前ページの評価面談シートは、社員の日常の行動や成果を数値で表すためのツールです。仕事の成果は数字で表すことはできますが、日々の行動や組織への貢献などは目に見えにくく、評価が曖昧になりがちです。そこで、評価面談シートを活用し、毎月行われる上司と部下との面談を通じて行動を数値化し、評価を明確にします。

このシートは**「社員の行動を評価するための仕組み」**です。このシートを使って数値化することで、**「人」ではなく「やったこと」を評価することができます**。したがって、このシートで算出された点数は、**その社員の人格や能力に対する評価ではなく、純粋に「やったこと」に対する評価です**。例えば、ある社員の評価がCだったとしても、これは「やったこと」の結果がC評価なのであって、その社員の人格や能力がC評価なわけではありません。この評価面談シートを導入する際は、社長と社員双方がこの点を正しく理解し、適切に活用することが重要です。

では、評価面談シートとは実際にどのような内容で構成されているか、詳細を確認してみましょう。

2．業績評価項目を決定する

売上を業績目標にしてはいけない理由

業績評価は、具体的な成果を数値で表すことができ、その結果によって評価するものです。

ここには経営計画の数値目標や、その達成に必要な重要項目を落とし込みます。例えば、会社全体の「粗利益」や部門別の「営業利益」などがこれに当たります。各部門や個人の業績が計画どおりに達成されている場合、それは会社全体の事業計画も目標達成に繋がっている状態になるよう項目を定めます。そして、各項目を対前年比で比較し点数にします。

例：会社全体粗利益、部門別粗利益または営業利益、担当者別粗利益など

ここで気をつけてほしいことが２つあります。

１つ目は、「売上高」を目標にしてはいけないということです。

小さな会社の経営において、売上高を目標にすると、その数字だけが追求され、実際の会社の利益に目が向かないことが多くあります。売上は大きければ大きいほどよいと捉えがちですが、実際には値引き販売や高い仕入れコストなどが売上増加に影響を与えることは大きく、それだけ利益率は下がります。そのため売上が上がっていても、会社が実際に稼ぐ利益が少ない、つまり**「儲からない成長」**をしてしまうリスクがあるのです。

粗利益をベースに業績目標を設定する

例えば、年間売上が100億円のA社と50億円のB社があるとします。単純に年間売上で比較すればA社の業績が優れているように見えます。しかし、A社は年間を通しての値引き販売が多く、仕入れコストの効率化が行われていないため、粗利益率は20%にとどまり、結果として20億円の粗利益にとどまっています。一方で、A社に比べ売上が少ないB社ですが、ビジネスモデルの見直しやイノベーションにより高い粗利益率を維持し、最終的に35億円の粗利益を実現しました。

粗利益が会社の実力

	A社	B社
売上高	100億	50億
粗利益	20億	35億
粗利益率	20%	70%

このように、売上高を業績の基準とすると、社員は売上向上のために値引き販売などの施策に注力し、短期的な目標達成ばかりを目指してしまいます。しかしそれは粗利益の損失につながり、最終的には会社の営業利益に悪影響を与える結果になってしまいます。

このような理由から、特にリソースが限られている小さな会社では、売上の大きさよりも実際に残る利益、**すなわち粗利益を重視した経営を行うことが何より重要になります**。利益率が高いビジネスモデルを追求することが、小さな会社の長期的な成長と発展の鍵を握っているのです。

2つ目は、「達成率」から目標を決めてはいけないということです。

私たちは経営塾で経営計画策定のサポートをしています。この業務を通じて、目標設定の際にあまりよくない設定方法に遭遇することがあります。それは、前年の実績を基に達成率から逆算して来期の目標を設定する方法です。この方法を取ると、不思議なことに目標値が前年比の100%から105%の範囲に収束することが多くなります。なぜ、このような達成率に重点を置く目標設定はいけないのでしょうか。

その理由は、**社内でのイノベーション（革新）が促されない点にあります**。例えば、目標を前年比105%に設定すると、社員は目標達成のために力を尽くします。一方でそれは改善を通じての達成にとどまります。つまり「頑張って目標を達成しよう」となります。単年度だけの目標達成だけを考えればそれでも問題ありませんが、この目標は毎年更新されます。しかし、毎年5%もの改善を継続して達成することは実際にはとても難しい。なぜなら、5%の成長を5年間続けたとすると、5年後には成長率が128%に達し、このような高成長を改善だけに頼って実現した場合は、結果的に残業時間の大幅な増加など、現場の負担増を引き起こすことに繋がるからです。

一方で、目標を前年比115%以上と設定することで、社員は従来の方法では目標達成が不可能であると認識し、新しいアイデアや取り組みに挑戦することにより社内にイノベーションが生まれます。これは、会社にとって成長の機会を見逃さないだけでなく、長期的な競争力を高めるための貴重な機会となります。この「2割の改革」の繰り返しが、小さな会社を強い経営へと導いてくれます。

経営は率（%）ではなく額（¥）で決まる

目標設定の理想は、高い目標を掲げておき、それには届かないものの前年比で大幅な成長を達成するというものです。 具体的な例を挙げれば、まず目標を前年比120%に設定します。しかし、実績としては達成率95.8%となり未達成でした。しかし、これを前年実績と比べてみると115%の高成長となっています。

私たちの会社は、社員数10人程度で平均年齢24.6歳の小さくて若い会社でありながら、過去3年間で220%の成長を達成できました。その理由は、**社員の可能性を信じ、高い目標を掲げ、「2%の改善と2割の改革」に全社員で取り組み続けた結果です**。

経営は率よりも額が大切

前年実績	今期実績	今期目標
100	115	120

「達成率」から目標を決めてはいけないもうひとつの大切な理由があります。それは経営とは達成率（%）で決まるのではなく、粗利益（¥）で決まるからです。

A社とB社の例で見ていきましょう。

賞与原資は粗利益で決まる

	目標	実績	達成率
A社	7000万円	7500万円	107%
B社	1億円	9000万円	90%

達成率に意識した目標設定の場合、A社は目標に対して107%を達成しているのに対し、B社は目標に対して90%となり未達成な状態です。しかし実際の粗利益を見ると、A社の粗利益が7500万円なのに対してB社は9000万円となり、A社を大きく上回っています。本書で紹介している100年塾式・人事評価制度では、賞与原資が粗利益となっており、目標達成率ではありません。このため、粗利益がより多いB社のほうが賞与原資が増え、結果として社員全員の報酬を増加させることが可能です。さらにいえば、低めの目標に甘んじて**現状の能力で達成する**よりも、**高い目標を設定して成長を促す**ほうが、社員にとっても合理的です。

これらの考えから、目標設定に際して低い目標を掲げることの意味は一切なくなります。むしろ、「2%の改善と2割の改革」を繰り返し行い、結果的に粗利益を前年比で大幅に増加させるべきです。これにより社員の賞与原資が増え、報酬が増加するだけでなく、会社の最終利益も向上します。この目標設定のアプローチにより、社員と会社は共に持続的な成長と発展をすることができます。

3．プロセス評価項目を決定する

プロセス評価を構成する３つの要素

プロセス評価は、仕事を進める上での正しい姿勢や考え方、役割などを明確にしたもの。このプロセス評価は大きく分けると次の３つで構成されています。

①会社の文化とブランドをつくる「価値観目標」

小さな会社では社員数が限られていることもあり、社員一人ひとりの行動が会社全体に与える影響は必然的にとても大きくなります。したがって、**社員の価値観や考え方**が業績の成果に直結するため、これらを日頃からしっかりと共有しておくことが重要です。

経営計画書には、業務へのアプローチのやり方を明確に示す行動指針が書かれています。この行動指針は、仕事を進める上で社員はどのように行動すべきかのガイドラインとなり、その遵守が評価の重要な基準となります。したがって、社員がこの指針に沿って行動しているかを評価できるような、明確な基準となる内容にします。

例：時間を厳守できているか、他者の見本となる礼儀ができているかなど（しつけ）

統一された価値観は、会社の文化を築き上げ、最終的にはそのブランドを形成します。そのため、すべての社員が理解し、共有する必要がある最も重要な要素です。一般的に評価制度と聞くと、「結果さえ出せればプロセスは二の次」と考えがちですが、小さな会社では、誰にでもできることを大切にする**「凡事一流」**経営こそが、ブランドを高める強い経営に繋がります。

②社員の成長を促す「能力目標」

第３章で紹介した「求められる仕事のレベル（ジョブレベル）」がこれに当たります。次のステップに進むためにどのような仕事を経験し、どのようなスキルや能力を身につける必要があるかを明確に示したものです。

社員一人ひとりの成長は、組織の持続的な発展には必要不可欠です。そのため、会社はジョブレベルを定義するだけではなく、定期的な評価面談を通じてこれらの進捗を丁寧にフォローアップすることが大切です。この継続的な関心とサポートにより、社員は自己の成長と同時に組織への貢献を意識した行動を取れるようになります。

例：伝達力はあるか、改善はできているか、プレゼンテーションスキルはあるかなど

ここに記載されている項目は、単に保有している能力で評価されるわけではありません。**これらの能力を実際の業務でどう活かしているかが、評価の真の基準となります。**各グループで必要とされる知識やスキルを明確にし、それを社員と共有することは、社員の将来的な成長を可視化し、自己啓発を促進する上で重要になります。

③業績目標に直結する「成果目標」

経営計画の目標を達成するためには、決められた方針を確実に実行することが不可欠です。そこで成果目標には、経営計画に沿った行動と会社の成長にとって重要な項目を取り入れます。

具体的には、業績目標に直結する課題をKPI（Key Performance Indicator）として成果目標に設定します。そうすると毎月の評価面談が経営の重点方針を再確認する機会となるので、結果、組織全体の方針実行レベルと成果を高めることができます。KPIとは、目標に対してどれだけ上手く進んでいるか進捗状況を把握するための数値で、業績目標のゴールに近づくためのサブゴールです。

例：顧客との接触回数を2倍にできたか？　リード獲得数が前年の150%できているか？　週末の予約率は50%に達しているか？

前述したように、毎月の評価面談は、会社の中長期的な発展に欠かせない方針を再確認する格好の機会です。忙しさにかまけて後回しにされがちな**「重要ではあるが緊急ではないタスク」**に焦点を当て、これらを評価項目に組み込むことで、真に強固な組織を築くことが可能になります。

このように3つの視点でプロセス評価項目を構成することで、それぞれの役割がわかりやすく示され、会社が求める将来の人材像に向けて効果的に人材育成を進めることができる評価基準となります。運用上も、評価結果からどこが不足しているかが明確にわかり、具体的な対策が打てるようになります。

プロセス評価項目は同グループ内で統一する

業績目標は、部門やチーム、個人によって異なることが一般的ですが、プロセス評価についてはどうでしょう？

100年塾式・人事評価制度では、役職によってはプロセス評価のウェイトが大きく、相対評価に影響を及ぼす場合があります。もしプロセス評価の内容が個々に異なる場合、難易度の違いが結果の公平性を損なう可能性があるからです。したがって、**同じグループ内ではプロセス評価の内容を統一することが大切です**。

特に社員数が少ない企業では、幹部社員、一般社員、新入社員といったカテゴリー分けでも問題はありません。重要なのは、相対評価を行う際に同じカテゴリーの社員間で統一されたプロセス評価の内容を用いること。それを忘れないでください。

プロセス評価は役職別にバランスよく設定する

プロセス評価は9つの項目から構成されています。ここで紹介した3つの目標をどのようなバランスで設定するかがとても大切になります。これまでたくさんの小さな会社にこの人事評価制度を導入してきましたが、社長が最も難しいと感じるのがこのプロセス評価の部分です。したがって、このセクションでは、プロセス評価についてもう少し詳しく説明を行います。

①幹部社員型：価値観4：能力2：成果3

小さな会社では、幹部社員の影響力が業績に直結するといっても過言ではありません。それほど、幹部次第で業績は決まります。そのため、どうしても成果目標に焦点を当てがちですが、未来を見据えた能力開発を並行して進めることが、持続可能な成長と幹部社員のスキル向上に繋がります。これはまた、社員の会社へのロイヤリティーを高め、離職率を低下させる効果も期待できます。

そして、さらに重要となるのは、価値観目標です。小さな会社では、社歴を重ね、時間が経つにつれて、社内文化として定着した当たり前の行動が形骸化するリスクがあります。例えば、挨拶や返事など基本的なコミュニケーションがおろそかになることなどが挙げられます。幹部社員がこれらの基本的な価値観を軽視すると、組織全体の弱体化がはじまります。さらに、社長がそれを指摘しないことが行動をエスカレートさせ、せっかくこれまで培ってきた企業文化が崩壊することも。このような弊害を防ぐために、幹部社員には少なくとも4つの価値観目標を設定し、強固な経営基盤となる企業文化を築くことが求められます。

②一般社員型：価値観5：能力2：成果2

一般社員には、それぞれの職務で高い専門性を発揮し、業務を効率的に遂行する能力が期待されます。この段階では、能力開発によるスキルの向上を図りながら、得られた経験を実務に活かし、部門や会社全体への貢献を目指すことが重要です。

小さな会社では、マルチタスクが日常的に要求され、異なる職務間での協力が欠かせません。社内ではさまざまな問題が生じることもあり、それらに対して柔軟に対応する能力が求められます。一般社員は他のメンバーとの連携を保ち、新しい課題や変化に素早く適応することで、問題解決に寄与し、チーム全体の成果を高める必要があります。こうして、単なる**「人材」**から価値ある**「人財」**へと成長していくことが、小さな会社にとっても個人にとっても重要な目標です。

小さな会社では、一般社員から幹部社員への抜擢は、組織の活性化と将来性の両方に大きく寄与します。このため、一般社員が具体的な数値や成果を出すことができるよう、段階的な課題を設定し、彼らが達成感を得られる環境を整えることが必要です。成功体験は、社員の自信を育み、さらなるモチベーションの向上に繋がります。

これらの体験を積むことにより、一般社員は徐々に幹部社員への移行を視野に入れることができるようになります。また、こうした育成プロセスは、会社全体の成長と発展に貢献し、**組織の将来を担うリーダー層の醸成にも繋がります。**重要なのは、各ステップでの小さな成功を適切に評価し、それを社員のモチベーションアップとキャリアアップに繋げることです。

③新入社員型：価値観７：能力２：成果０

新入社員は、まだどのような環境にも適応可能な、何色にも染まっていない無色透明の柔軟な状態です。そのため、新入社員の教育においては、まず企業文化と価値観の理解を深めることが重要となります。ですから、正しい新人研修の順番は、企業の理念や価値観に関する**「思想教育」**が先、業務に必要な**「技術教育」**が後です。これにより、新入社員は会社の価値観をベースにし、その基盤の上で専門的なスキルを学ぶことができます。

毎月の評価面談を通じて、これらの価値観を確認し、上司との間で意見を交換することも大切です。このような継続的な対話とフィードバックによって、新入社員は徐々に会社の一員としての自覚を深め、基本的な業務遂行能力だけでなく、企業文化にも根差したプロフェッショナルへと成長することができます。

このプロセスを通じて、社員は単なる作業労働者ではなく、企業のビジョンと価値観を体現する重要な存在になります。したがって**価値観教育の徹底は、技術教育と同様に、またはそれ以上に、新入社員が長期にわたり企業に貢献する上で重要な土台となります。**そのため、新入社員には価値観に重点を置いたプロセス評価を行います。

また、若い社員に対して一部の社長には誤解があるかもしれませんが、多くの若い世代の社員は実際には非常に成長意欲が強いという特徴があります。若い社員たちは、環境や状況が急速に変わる現代において、常に新しい知識や技能を習得しようという姿勢を持っています。彼らは変化を恐れず、進化し続けることを望んでおり、その過程で組織全体の成長にも貢献したいと考えています。

バランスよく半期ごとに見直す

	価値観	能力	成果
幹部社員型	4	2	3
一般社員型	5	2	2
新入社員型	7	2	0

選択と集中で半期ごとに項目内容を見直す

小さな会社における人事評価制度は、企業の成長ステージや重点方針の変化に応じて柔軟に調整してください。その点においても、100 年塾式・人事評価制度は、A3 サイズの評価面談シートを用いて**半期ごとに評価の項目を見直すことができるので、これも大きな魅力のひとつです**。まさに、**選択と集中**です。これにより、組織の現状に最も適した評価基準を設けることが可能となり、より効果的な人材育成が実現します。

会社の方針や市場環境、競争状況、顧客ニーズは常に変化しています。特に小さな会社では、これらの変化に迅速に対応し、適応する能力が生存と成長に直結します。そのため、人事評価制度もこれらの変化に対応できるように設計されている必要があり、半期ごとの見直しはその柔軟性を保つ上で非常に重要な役割を果たします。

人事評価は単に社員の過去の業績を評価するだけではなく、将来のポテンシャルや成長可能性を見極め、適切なフィードバックやキャリア支援を提供する機会でもあります。そのため、小さな会社では、柔軟かつ戦略的な人事評価制度を採用することが、組織としての強靭さと持続可能な成長を実現する鍵となるのです。

4．方針共有評価項目を決定する

「能力」よりも「価値観」重視の経営が組織を強くする

私たちの会社は小さいながらも、社内でさまざまな勉強会やイベントを積極的に行っています（経営計画発表会、ベクトル勉強会、環境整備点検、TTP ツアーズ、四半期評価面談、経営計画アセスメント、社員旅行、勝ちどき 39 会、ワイガヤ　など）。なぜ社員数が少ないにもかかわらず、これほど多くの活動を実施するのでしょうか。その理由は、**私たちが能力よりも共有された価値観、つまり考え方を重んじる経営**をしているからです。

そもそも、現代の人手不足の状況では、優秀な人材を小さな会社が確保すること自体が困難です。そして、たとえ能力の高い社員が集まったとしても、価値観が一致しなければ組織はまとまりを欠きバラバラになります。そのため、**小さな会社が単に能力に依存した経営をしている限り、安定した経営は望めません。**

そこで、私たちが取り組んでいる、そして経営塾でも推奨しているのが**「凡事一流」の経営**です。これは、**誰にでもできること（凡事）を、誰にもできないくらいやる（一流）経営です**。例えば、挨拶や笑顔、電話対応といった基本的なコミュニケーションスキルは、誰にでもできることばかりです。でも、これを誰にも真似できないくらい徹底すればするほど、お客様をはじめとした外部からの印象や評価を向上させることができます。これらを究極まで追求することで、企業ブランドを築き上げていきます。

このような価値観重視の経営によって、たとえ個々の能力に差があったとしても、共通の価値観に基づいた優先順位で行動ができるようになり、結果として組織力の強化に繋がります。能力より価値観を優先することで、小さな会社でも一致団結し、強固な組織を築くことができます。

2．考え方

	Aさん	Bさん	Cさん	Dさん
能　力	○	×	○	×
考え方	○	○	×	×

A　会社のために是非とも協力してください。
B　能力のないことは気にしない。良い上司をつけます。
C　他の会社で力を発揮してください。
D　ゆっくり辞めてください。

〈経営計画書より〉

時と場所を共有することで価値観は揃いはじめる

このような理由から、社内で実施される勉強会やイベントを評価面談シートの方針共有項目に加えていきます。これにより、組織全体での価値観の共有が促進されます。また、この項目に関しても、半期ごとに更新する柔軟性を持たせていますので、方針の変更に合わせて柔軟に変更してください。もし、4つすべてが埋まらない会社は3つでも2つだけでも構いません。

実際にこの人事評価制度を導入した多くの社長から、以下のような声をいただいています。

「実際に勉強会やイベントへの参加率が急激に良くなった」

「社員間での感謝の気持ちを伝える『サンクスカード』の流通枚数が格段に増えた」

「提出が滞りがちだった日報の提出率が改善された」

これらの声から、100年塾式・人事評価制度が、社内のコミュニケーションや業務の質を向上させる効果があることがわかります。**社長には、社内には潜在能力を持つ社員が多く存在し、適切な評価システムと環境があれば、その能力を引き出し、組織全体を向上させることができるということを理解していただきたいのです。**言葉だけではなく、具体的な行動や数字を通じて期待を示すことで、社員は経営者の期待に応え、組織全体の成長に貢献してくれます。

5．環境整備評価の得点を決定する

働く環境を整えることが高収益体質をつくる

私たちの会社では、全社員が毎日15分間を「環境整備」の時間としています。**環境整備とは「仕事をやりやすくする環境を整えて備えること」です。**社員一人ひとりには、担当するエリアが担当表で割り当てられ、決められた部分だけを15分間徹底的に磨き込みます。

この環境整備は業務の一部として認識されており、実施中も給料が支給されます。この取り組みはボランティア活動ではなく、**社員一人ひとりの気づきの感性を磨き、さらに、職場の生産性と効率性を高めるための重要な業務です**。具体的な実施方法も定められており、社員はそれに従って作業を進めます。

さらに、毎月一度の環境整備点検を行って定期的なチェックをし、その結果を評価面談シートに記入をして定期的に評価します。この点検結果は人事評価にも反映され、社員の貢献度を測るひとつの基準となっています。

このように環境整備を通じて、職場の物理的な環境はもちろん、社員の意識や協力体制を向上させることで、全社的な生産性の向上を図っています。

6．ウエイトの配分を決定する

業績評価とプロセス評価のウエイト配分を決める

最後にウエイトの配分を決定して、いよいよ評価面談シートが完成します。

業績評価とプロセス評価を等しく重視すると、組織の成長にブレーキをかける可能性があります。その理由は、単に努力しているだけで高評価を受けられるシステムでは、特に役職上位になるほど、その努力が必ずしも業績向上に直結しないことが多いからです。実際には、業績、つまり数字で成果を出すことが、経営の本質に直結します。**経営の目的はお客様への貢献にあり、**お客様への貢献＝お客様のご購入＝業績の向上につながるからです。

したがって、評価制度においては、努力そのものよりも、その努力が実際にどのような成果を生んだか、特にお客様貢献度という観点から業績を測ることが重要となります。

そこで必要になってくるのが、グループ別のウエイト配分です。

グループ別　ウェイト配分表

	業績評価	プロセス評価
6グループ	80	20
5グループ	80	20
4グループ	70	30
3グループ	50	50
2グループ	30	70
1グループ	30	70

役職が低い人は、全力で取り組む姿勢が評価されやすいですが、役職が上がるにつれて、単に努力するだけではなく、具体的な成果が求められるようになります。高い役職では、どれだけ一生懸命に取り組んでも、実際に結果が出なければ良い評価をもらえません。

幹部社員は「数字が人格」

私たちの会社では、4グループ以上が幹部社員に当たります。そのため、業績評価に対する配分ウエイトも高くなっています。要するに、「結果を出すこと」が重要であり、数字こそが評価の基準となります。例えば、「社内をフラフラしながらも数字を上げる幹部」と「まじめに一生懸命努力はしているものの、数字を上げられない幹部」では、前者が評価されます。

こうした状況では、社長が勤続年数や努力を考慮して評価を調整することは決して珍しくありません。しかしこのような対応をしている限り、幹部社員の間で「一生懸命頑張っていれば、結果が出なくても評価される」という認識が根づきます。その結果、業績向上や会社の成長が阻害されることになります。

このような理由から、幹部社員には単に努力するだけでなく、数字としての具体的な成果を求める姿勢がウエイトの配分に表れています。これにより、組織全体の成長を促進し、会社の将来性を高めることが目指されています。**結果を出すための努力と戦略が、幹部社員には求められるのです。**

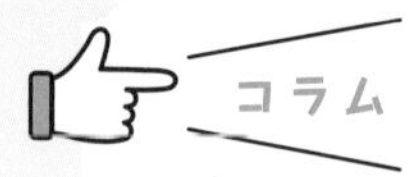

潰れない強い会社のつくり方⑤

小さな会社は「凡事一流」で強くなる

小さな会社が直面する最大の問題のひとつが、人手不足の社会状況において優秀な人材を確保することです。しかし、社長たちが勘違いしている興味深い事実があります。優秀な社員が入社することで、一見するとお客様満足度も向上し、業績もアップするかのように見えますが、これが必ずしも小さな会社にとって長期的にプラスになるとは限らないということ。

優秀な社員が入社すると、もちろん仕事ができるわけですからお客様からの評判もよく、短期的にはお客様満足度も高くなります。すると、満足されたお客様からご紹介をいただきます。でも、いくら優秀な社員でも１人で対応できるお客様の数には限界があるので、他の社員が対応することになります。仕事ができる社員とそうでない社員の差は歴然です。対応されたお客様は期待していたほどの満足度を得られず不服そうに去ります。また、せっかく紹介してくれた人の顔に泥を塗る形にもなり、結局は既存の大切なお客様からの信用を失います。さらに最悪の場合は、レベルの違いに落胆し、優秀な社員も辞め、業績も下がります。この一連の流れは、社員数の少ない小さな会社ではよくあることです。

このように、優秀な社員に依存する会社では、チーム全体のレベルの均一性が失われ、一部のお客様のみが高品質のサービスを受けられるようになり、結果的にお客様満足度の不均一性が生じます。

このような状況を避け、小さな会社が強く、持続可能な経営を行うための鍵は**「凡事一流」**の哲学にあります。この考え方は、誰にでもできる基本的なこと――返事、挨拶、身嗜み、礼儀――を、**徹底的に誰にもできないくらい実践することです**。社員全員が共通の基準で行動することで、組織全体として一貫性と品質を高めることができます。

例えば、ある中小企業が社員全員で日々オフィス清掃を行い、一流ホテルスタッフ並みのサービスを実践。この取り組みで社員のプロ意識が向上し、訪問客からの信頼と高評価を獲得しました。また、ある小さなアパレル会社では、お客様一人ひとりへ手書きの感謝状を送付。この徹底した個別への配慮が、お客様満足の向上と口コミを通じた新規顧客獲得に繋がりました。

このように、挨拶や電話対応は、どの企業においても必要な基本的な業務の一部です。これらの「凡事」を誰にも真似できないくらい徹底することは、お客様と最初に接する会社の顔となり、会社の印象を大きく左右します。社内で成功したお客様対応の方法や、お客様から褒められた事例をマニュアル化し、全社員が実践できるようにすることで、誰が対応しても一定以上の質を保証することができます。社内での共通の理解と実践は、お客様からの信頼と満足度を一貫して得られるための基盤となります。

「凡事一流」を実践することは、単に業務の質を向上させるだけではありません。社内でのコミュニケーションやチームワークを強化し、社員一人ひとりが成功体験を積むことで、自信とモチベーションを高めることができます。このようにして、小さな会社は社員全員が同じ方向を向いて努力する強固なチームを構築することができるのです。

最終的に、「凡事一流」の徹底は、お客様満足度の向上に直結します。お客様は一貫した高品質のサービスを受けることができ、その結果、お客様から「なくては困る」と言われるような、圧倒的な地域ナンバーワンの企業になることができます。これは、小さな会社が大企業にはない独自の強みを生かし、競争優位を確立するための確かな方法です。

第6章

100年塾式・人事評価・報酬制度

フェーズ4：評価面談を実施する

評価面談シートが完成したことで、次のステップへと進めます。本章では、完成した評価面談シートを活用し、効果的な面談の進め方について詳しく解説します。

1. 評価面談の仕組みをつくる

毎月月初にツキイチ面接を実施する

100年塾式・人事評価制度で核となるのが、毎月実施される面談です。この定期的な面談を通じて、四半期ごとの得点を集計し、それに基づいて半期ごとの評価が自動的に決定します。そのため、毎月の面談が極めて重要な役割を果たします。この月1回の面談を、**「ツキイチ面談」**と呼んでいます。

ツキイチ面談を行って、「どこが良かった」「どこが悪かった」「こうすればもっと良くなる」と具体的に毎月話をすることで、人事評価が下がった社員も不満を持つことなく、「次回は絶対に良い評価をもらおう」と頑張るようになります。

ツキイチ面談は、毎月の業務の振り返りを目的としたものです。そのため、毎月月初にできるだけ早く実施します。理想的には、毎月5日までに実施することで、前月の仕事ぶりの改善が可能となります。10日を過ぎてしまうと、月の3分の1が経過してしまい、改善の効果が薄くなりがちです。

私たちの会社では、年間を通じたツキイチ面談のスケジュールを経営計画書に記載し、Googleカレンダーを通じて全社員と共有しています。これは、面談が社員の評価に直接関わる重要なものであるため、その実施を最優先事項として位置づけているからです。このようにして、ツキイチ面談を計画的かつ効果的に進め、社員一人ひとりの成長と組織全体の向上を目指しています。

ツキイチ面談「時間」より「回数」が重要

ツキイチ面談は、**直属の上司と部下で行い、毎月実施することが何より重要です。**なぜなら、コミュニケーションの質は「時間」ではなく「回数」によって左右されるからです。半期に一度の面談では、部下の感情やニーズを十分理解することが難しくなります。ですから、半期に一度の1時間の面談より、1回10分でいいから毎月面談をしたほうが、その積み重ねによって上司と部下の間で価値観が揃い、より強固な関係が築かれます。

人事評価制度を導入するときに、「忙しい」「面倒くさい」などの理由をつけて、協力したがらない社員が出ることはどこの会社でもよくあることです。面談を実施しなかった場合は、その月の評価得点はすべて0点カウントとなり、これが半期の評価に大きく影響します。面談を実施していない上司と部下を社長が注意せずに放置すると、半期の評価が出るときに退職届も一緒に出てくるので気をつけてください。

つまり、人事評価制度導入直後は、社長自身が積極的にツキイチ面談の実施状況をチェックし、必要に応じて「どうすれば実施できるか」などのアドバイスを行うことが重要なのです。このような関わりが、社員間のコミュニケーションの改善と、組織全体のモチベーション向上に繋がります。

私たちの会社では、ツキイチ面談を実施すると経営計画書にスタンプを１つ捺印しています。このスタンプを100個貯めると、期末に１個あたり300円で会社が買い取る仕組みです。このように、あの手この手を使ってでも、強い会社をつくるためにツキイチ面談を実施する。人事評価制度を導入する以上は、社長にはこれくらいの覚悟が必要です。

毎日一緒に働く上司が部下とツキイチ面談を行う

誰が誰の面談を行うのか。この点も、とてもシンプルです。

社長は、幹部社員のツキイチ面談を行います。

幹部社員は、それぞれが率いる部門やチームの部下の面談を行います。

ツキイチ面談に要する時間は１人あたり15分です。ですから、３人面談をする場合は45分。５人の面談でも１時間15分で終わります。もし面談の対象人数が７人を超える場合は、上司の負担が大きくなりすぎないように、別の担当者を加えるなどして、面談担当者を分割することをおすすめします。

別の担当者を加えるときに気をつけてほしいことは、**「毎日一緒に働いている上司」**であることが重要です。もし、担当者の負担を軽減するために社長がツキイチ面談を実施してしまうと、評価された本人は「自分の日頃の仕事ぶりも知らないのに」と評価に不満や疑問持ちます。評価が公平かつ正確であるためにも、**実際に一緒に汗を流して働いている上司が面談を行うことが重要です**。これにより、社員は評価過程を通じて納得感を持ち、結果として自身の成長に繋げることができるようになります。

ツキイチ面談は5分×3セットで実施する

ツキイチ面談を成功させるためには、明確なルール（仕組み）があります。面談が単なる上司による一方的な説教になってしまうことは、多くの会社で起こることです。このような状況を防ぎ、面談を有意義なものにするためには、以下のシンプルなルールどおり行ってください。

ツキイチ商談の進め方

① 部下が評価面談シート内のプロセス評価項目において、当月の業務に対する自己評価を5点満点で行い、「自己評価」の部分に記入します。（面談前・記入後は見えないように付箋でおおう）

② 自己評価が記入された評価面談シートを持って、上司とのツキイチ面談を実施します。

③ 最初の5分間は、部下がその月の業務遂行について上司に報告・アピールします。

④ 次の5分間で、上司がプロセス評価項目に従って部下を評価し、「上司評価」に5点満点で記入します。そして、付箋を剥がし、点数に相違がある部分について和談します。

⑤ 最後の5分間で、部下に「今月期待すること」を伝えて終了です。

ツキイチ面談をするにあたって、いくつか気をつけてほしいことがあります。

- 評価は5点満点で行います。**基準点は3点です**。これは特別に優れている点も問題点もない「普通」の状態を意味します。したがって、業務を良くこなしている場合は4点や5点を、一方で不十分だった場合は2点や1点をつけて評価するようにしてください。
- ⑤で付箋を剥がした後にまず最初にすることは、**部下の「自己評価」と上司の「上司評価」が一致している項目に、数字と数字の間に「＝」マークを記入します**。これは部下と上司の評価が一致しているので、その項目について和談はする必要はないことを意味しています。

評価面談の進め方

			7月		8月	
	項目		自己評価	上司評価	自己評価	上司評価
プロセス評価	1	あるべき4つの姿の 12 項目を実践できたか	3 ≒	3	4 ≒	4
	2	「時を守り、場を清め、礼を正す」を徹底できたか	3	4	3	2
	3	「報告・連絡・相談」は的確にできたか	4 ≒	4	3 ≒	3
	4	常にお客様第一主義の姿勢で仕事に取り組めたか	4	3	3	4
	5	挑戦するジョブレベル（プレゼン）	5	4	4 ≒	4
	6	挑戦するジョブレベル（動機づけ）	4 ≒	4	1 ≒	1
	7	挑戦するジョブレベル（目標達成）	4 ≒	4	3 ≒	3
	8	会社の方針を十分理解し実行したか	3	2	3	3
	9	お客様との接触回数（接近戦）を計画通り実行しているか	5	4	4	2

「自己評価」と「上司評価」がズレている項目だけ和談をして、両者の見解を擦り合わせる。

POINT

見解のズレをツキイチ面談で埋めることで部下の成長、チームの強化に繋がります

「自己評価」と「上司評価」の得点差を擦り合わせる

「自己評価」と「上司評価」に差異がある項目については、和談を通じて両者の見解を擦り合わせます。このプロセスでは、上司がまず部下に対して「どうして2点だと思ったの？」や「4点をつけた理由を教えてください」といった形で質問し、部下の意見や考えを先に聞き出します。部下からの回答を受けた後、**上司はその理由を「なるほど」と一度受け入れた上**で、その後上司自身がつけた評価の理由を説明します。

部下と上司では、仕事を見ている視点が違います。この視点の違いが、評価点数に差異をもたらします。ですから、点数に差が出ることは当然です。その差をツキイチ面談で上司と部下が和談によって埋めることで、部下の成長、そしてチームや組織の強化に繋がります。

第7章でさらに詳述しますが、人事評価制度において最終的に反映されるのは「上司評価」の点数です。したがって、自己評価が高い部下や低い部下がいたとしても、それ自体が問題となることはありません。重要なのは、評価の過程で生じた視点の違いをどのように橋渡しし、部下の成長に繋げていくかです。

このようなプロセスを通じて、毎月1回、上司と部下が面談することで、相互理解を深める貴重な機会となります。上司は部下の現在の考えや職場での状況をより良く理解できるようになり、部下も自分が上司から注意深く見守られていることを実感できます。その結果、ツキイチ面談を通じて、社内で質の高いコミュニケーションが生まれ、強固な信頼関係が築かれることになります。

潰れない強い会社のつくり方⑥

小さな会社は真似ることで強くなる

私たちのまわりには、知っていること（既知）よりも知らないこと（未知）のほうが圧倒的に多くあります。例えば、「名前を呼ばれたときに、なぜ『はい』と返事をするのか？」「車用の信号機は、なぜ一番右が赤色なのか？」「新幹線や飛行機の窓は、なぜ四角ではなく丸いのか？」など。これらは、その意味を知らなくても、私たちの生活や人生にとって重要であり、もしそうでなければ大きな支障をきたさないことが世の中には数多くあります。つまり、私たちの日常の中には、意味を理解せずにやっていること、使っているものがたくさんあるのです。

しかし、仕事になった途端に業務の意味や理由を知りたがる人が多くいます。特に、経験したことがない新しい初めての業務に取り組むとき、経験がないから考えてもわからないはずなのに、自分の思考の枠の中で考えようとします。さらに、ビジネスの原理原則である「初めてのことは上手くいかない」ため、自分が考えたオリジナルなやり方やアイデアが、上手く行く確率はさらに低くしています。

わが社ウィルウェイグループが、平均年齢 24.6 歳という経験不足の若い社員たちが集まる組織でありながら、なぜ、中小企業平均の４倍の労働生産性を達成できているか。その秘密は、次の４つのサイクルを徹底して回しているからです。

1. 上手くいっている人の真似をする
2. 真似をして上手くいったことを型にする
3. 型になった成功法則を他のメンバーが真似る
4. このサイクルをできるだけ多く、高速で回す

この４つのプロセスを数多く回すために必要なのは、高度な能力や豊富な経験ではありません。**大切なのは、他の誰かが上手くいっていることを見つける感性の良さと、そのまま真似ることができる素直な姿勢です。**このように知識や経験が不足している組織でも、真似ることを徹底することで大きな成果を上げることができます。

また、子供が自転車に乗ることを学ぶプロセスも、仕事のスキルを磨く上でとても有効なたとえとなります。子供は、まわりの友達が自転車に乗っている姿を見て、自分も乗りたくなります。このとき、お父さんやお母さんから自転車の構造や乗り方の講義を受けてから乗る子供はほとんどいません。子供たちは何も考えず、理由も聞かず、自転車に乗り、失敗を繰り返しながらたくさんのことを学び、

徐々に乗れるようになります。このように、たとえ最初は形（見た目）だけだったとしても、長く続けていくうちに、その背景にある理由や本質もだんだんと理解できるようになります。**これを「形」から入って「心」に至るといいます。**

つまり、わからないことはまずは行動に移し、その過程で学び、理解を深めていく。これが、物事が早く上達する正しい方法なのです。特に小さな会社においては、この学習サイクルを効率的に回すことが、企業の成長と従業員の能力開発の鍵を握っています。

結論として、**「まずはやってみる。やってみながら考える。やってみてから教えを乞う」**という姿勢が、人の成長を加速させ、結果として会社を強くする基本です。素直に真似ることからはじめ、実践の中で知識と知恵を学び、成功の型をつくり上げる。このプロセスが企業文化として定着することで、小さな会社でも大きな成果を上げることが可能になります。

第７章

100 年塾式・人事評価・報酬制度

フェーズ5：評価と報酬を決定する

1．評価は半期ごとの評価点数で決まる

これまでの説明を通じて、人事評価制度のための評価面談シートが完成し、月1回でのツキイチ面談の実施が行われてきました。次の段階として、この章では半年ごと、すなわち半期に一度の評価面談シートを用いた社員の評価と報酬決定のプロセスについて解説します。

次の5つのステップで、評価と報酬決定に必要な評価得点を算出します。

ステップ① 業績評価を計算する
ステップ② プロセス評価を計算する
ステップ③ 方針共有評価を計算する
ステップ④ 環境整備評価を計算する
ステップ⑤ 四半期ごとに評価総合計を計算する

さらに詳しく見ていきましょう。

ステップ① 業績評価を計算する

評価種別	No.		第1四半期（面談日：　月　日 ㈰ ）									
		項目	前年同期実績	今期実績	今期目標	①達成度	②困難度	素点①x②	③素点合計	④業績ウエイト	⑤倍率	合計(A) ③x④x⑤
業績	1	全体粗利益					1.0			%	6倍	(小数第1位を5捨6入)
	2	部門粗利益					1.0					
	3	担当粗利益					1.0					
	4	担当数字					1.0					

評価面談シートにおける業績評価の部分は、四半期ごと、つ

まり３ヶ月ごとに記入を行います。「今期実績」の欄には、その四半期における実際の数字を記録します。「前年同期実績」と「今期目標」は、評価面談シートが配布された時点で既に入力されています。したがって、四半期毎の会議などで報告された実績をもとに、「今期実績」欄を更新していきます。実際に下記のサンプルを使って実際に計算をしてみましょう。

評価種別	No.		第１四半期（面談日：　月　日 ㊞ ）									
		項目	前年同期実績	今期実績	今期目標	① 達成度	② 困難度	素点 ①x②	③ 素点合計	④ 業績ウエイト	⑤ 乗数	合計(A) ③x④x⑤
業績	1	全体粗利益	109.0	138.0	150.5	1.27	1.0	1.3	4.3	50　%	30.0	(小数第１位を５捨６入) 64.5
	2	部門粗利益	78.5	88.2	95.0	1.12	1.0	1.1				
	3	担当粗利益	27.0	26.5	35.0	0.98	1.0	1.0				
	4	担当数字（リード獲得）	118.0	107.0	200.0	0.91	1.0	0.9				
						最低0.5～最高1.5。小数第3位を5捨6入し、小数第2位まで記入		小数第2位を5捨6入し、小数第1位まで記入		1＆2ｸﾞﾙｰﾌﾟ30%		

評価面談シートの業績評価欄には、「全体粗利益」「部門粗利益」「担当粗利益」「担当数字」という項目があります。例えば、これらの項目の今期実績がそれぞれ「138.0」「88.2」「26.5」「107.0」と報告された場合、これらの数値を直接、評価面談シートの「今期実績」欄に記入します。

「今期実績」の入力が完了した後、次に行うのは「①達成度」の計算です。**達成度を評価する際の基準としては、前年同期の実績と比較することをおすすめします。**

この理由については第５章で触れていますが、小さな会社が成長し続ける強い経営をするためには、高い目標を掲げる必要があります。しかし、そのような高い目標に対する達成度を評価の基準にすると、社員からは「目標が現実的ではなかった」

という不平不満が出る可能性があります。せっかくの評価制度にもかかわらず、逃げ道ができてしまいます。一方で、前年同期の実績を基準にすることで、それは社員が前年に実際に達成した数値であるため、不満が出る余地がありません。

このような理由から「①達成度」は「今期実績」を「前年同期実績」と比較して算出します。計算は小数点第3位まで行い、小数第3位を5捨6入し、小数第2位までを記載します。

次に「②困難度」は基本的に「1.0」を用います。ただし、新しい挑戦や新規事業、新サービスの立ち上げといった、過去の実績がない難易度の高い仕事については、「1.0～1.2」の範囲で困難度を調整することが可能です。

「①達成度」と「②困難度」が確定したら、項目ごとに素点を計算し、これらをすべて合算した数字を「③素点合計」に記入します。「③素点合計」に、欄外に書かれているグループ別の「④業績ウエイト」と「⑤乗数」を掛けた合計を「合計（A）」に記入します。

このように、四半期ごとに上記で説明した計算を行い、業績評価の総得点を算出します。

ステップ② プロセス評価を計算する

次にプロセス評価を計算してみましょう。

プロセス評価も、四半期ごとに得点の集計を行います。既に毎月の評価面談を通じて、四半期における3回の面談結果が記録されています。これらの記録には「自己評価」と「上司評価」

が含まれていますが、**得点集計の際には「上司評価」の点数をもとに計算します**。

計算手順は、まず3回分の「上司評価」得点を合算します。この**プロセス評価では、合計点ではなく平均値を使用します**ので、合算した点数を3で割り、その結果得られた数値を「①素点平均」として記入します。その数字に、グループ別の「④業績ウエイト」と「⑤乗数」を掛けた合計を「合計（B）」に記入します。

業績評価同様に、四半期ごとに上記で説明した計算を行い、プロセス評価の総得点を算出します。

		項目	1月		2月		3月		①	②プロセス	③	合計(B)
			自己評価	上司評価	自己評価	上司評価	自己評価	上司評価	素点平均	ウエイト	乗数	①x②x③
プロセス	1	あるべき4つの姿の12項目を実践できたか	3	3	3	3	3	3	32.3	50 %	5.0	(小数第1位を5捨6入) 80.7
	2	「時を守り、場を清め、礼を正す」を徹底できたか	3	3	3	3	3	3				
	3	「報告・連絡・相談」は的確にできたか	3	4	4	4	3	4				
	4	常にお客様第一主義の姿勢で仕事に取り組めたか	4	4	4	4	4	4				
	5	挑戦するジョブレベル（プレゼン）	4	3	4	3	4	4				
	6	挑戦するジョブレベル（動機づけ）	3	3	3	4	3	2				
	7	挑戦するジョブレベル（目標達成）	4	5	4	5	3	3				
	8	会社の方針を十分理解し実行したか	3	3	3	4	3	4				
	9	お客様との接触回数（接近戦）を計画通り実行しているか	5	4	4	4	4	4				

採点基準（5段階） 5:優れている 4:やや優れている 3:標準 2:やや劣る 1:劣る

小数第2位を5捨6入し、小数第1位まで記入　1＆2ｸﾞﾙｰﾌﾟ

ステップ③ 方針共有評価を計算する

次に方針共有評価を計算していきましょう。

方針共有評価の項目は、毎月の面談のときに社員が自身の得点を記入して面談に臨みます。そして、これまでの他の評価同様、四半期ごとに得点の集計を行います。方針共有に関しては、最大4つの項目を設定できます。これには、会社が新たに取り組む仕組みやイベントなどが含まれ、これらを取り入れることで、組織の動きが活発化します。

方針共有で設定される各項目には、「どのようにしたら、どれだけの得点がもらえるのか」という得点ルールを明確に記載することが必須です。ここでは、私たちの会社で過去に採用した具体的なルールの例をいくつか紹介します。

●ベクトル勉強会▷回数分・最大４回
毎週月曜日に開催しているベクトル勉強会。これに何回参加したかを記入します。最大でも４回まで。

●日報▷100%で３点・それ以外０点
日報でのお客様情報の報告は小さな会社経営の生命線です。そのため、以前は全社員が毎日提出。

●サンクスカード▷目標達成３点・未達０点
グループ別の記入枚数に達しているか、達していないか。

●マネクト勉強会▷参加３点・不参加０点
逆算経営計画作成システム「マネクト」の社内勉強会にフル参加したか、していないか。

●評価面談▷100%実施３点・それ以外０点
ツキイチ面談が毎月月初に実施されたか。

●カンブリア宮殿▷４週３点・３週２点・それ以下０点
会社から指定された課題番組を視聴して気づきを提出した

か、していないか。

これらのように方針共有項目のルールは、できるだけわかりやすくシンプルに設定し、その詳細を方針共有項目の欄外に記載してください。この部分が複雑になると、毎月の評価面談で余計な時間を費やすことになりかねないため、注意が必要です。

さらに、**方針共有項目の得点は、各項目につき最大3点と制限してください。**この制限は、評価システム全体の点数バランスに配慮した結果です。たった3点ですが、4項目を6ヶ月間で評価すると、最大で72点の差が生まれます。これは、他の評価項目と比べても無視できない影響力を持つ重要な得点源となるため、社員にとっては重要な項目となります。

方針共有評価も、四半期ごとに得点の集計を行います。まずは3ヶ月間の各項目の点数を合算したものを「素点小計」に記入して、さらに「素点小計」を合計したものを「素点合計」に記入します。方針共有の乗数は1.0倍ですので、「素点合計」の数字を「合計(C)」に記入します。各四半期ごとに上記で説明した計算を行います。

		項目	1月	2月	3月	素点小計		① 素点合計		② 乗数	合計(C) ①x②
方針共有	1	ベクトル勉強会	4	4	4	12		35.0		1.0	(小数第1位を5捨6入) 35.0
	2	日報	2	3	3	8					
	3	サンクスカード	3	3	0	6					
	4	マネクト勉強会	3	3	3	9					
	1.ベクトル勉強会(回数・最大4回) 2.日報(100%▷③/~90%▷②/それ以下⓪) 3.サンクスカード(目標未満▷⓪/目標達成▷③/それ以降10枚につき(										

ステップ④ 環境整備評価を計算する

最後に環境整備評価を計算して終了となります。

環境整備点検は、毎月の月末に行われます。この点検で獲得した得点（130 点満点）は、翌月初の評価面談の時に評価面談シートに記入します。社内のチームごとに得点が異なるため、点検を前にしてすべてのチームが社内環境を徹底的に整えています。

環境整備の部分の乗数は、グループ別で変わります。

1グループ　1．1倍
2グループ　1．2倍
3グループ　1．3倍
4グループ以上　1．5倍

なぜこのようになっているのでしょうか。

まず、環境整備は強い会社をつくるために欠かせない文化で、整った職場環境が最高のパフォーマンスを支えてくれます。だからこそ、毎日 15 分間決められた場所を綺麗にして、働く環境を常に最適な状態に整える。そして月末には、22 項目にわたる点検項目に従って環境整備点検を実施します。

ただし、毎日コツコツ頑張っていれば、自然と点検で満点を取れるわけではありません。さらに、点検では、自分1人で頑張っても良い点数は取れません。チーム全体のメンバーを巻き込んで、協力して、はじめて取れるかどうかなのです。

点検で満点を取るためには、詳細にわたる事前のチェックが必須で、これは経験豊富な社員の「気づきの感性」が鍵となります。これは、仕事においても同じことがいえます。部下の仕事は上司がチェックし、その後商品やサービスがお客様に提供されます。上司のチェックが不十分だと、クレームの原因になります。

結局のところ、役職が高くなるほど、環境整備での得点、つまり「気づきの感性」が重要となります。このことから、「より詳細なチェックを行うこと」の重要性を強調し、役職が上位の者ほど、その責任を示す乗数を高く設定しているのです。

環境整備評価も、四半期ごとに得点の集計を行います。まずは3ヶ月間の平均点を「①素点平均」に記入します。「①素点平均」にグループ別の「②乗数」を掛けた数字を「合計（D）」に記入します。四半期ごとに上記で説明した計算を行います。

		項目	1月	2月	3月		① 素点平均		② 乗数	合計(D) ①x②
環境整備	1	環境整備点検	130	115	125		120		1.3	156
							小数第1位を5捨6入し、整数で記入		1グループ1.1倍　2グループ1	

ステップ⑤ 四半期ごとに評価総合計を計算する

これで業績、プロセス、方針共有、環境整備の４つの評価カテゴリーにおける得点がすべて出揃いました。これらの各評価得点を合計し（合計Ａ～Ｄ）、その合算した結果をシートの最下部、「評価総合計（Ａ＋Ｂ＋Ｃ＋Ｄ）」の欄に記載します。例として挙げると、このケースでは総合得点が341点となり、これが該当社員の第１四半期の総評価得点となります。

100年塾式・人事評価制度

氏名：　　　　部門：　　　　入社年月日：　　年　　月　　日

②業績評価を記入します。

説明②

評価種別	No.	項目	前年同期実績	今期実績	今期目標	①達成度	②困難度	素点①x②	③素点合計
		第1四半期（面談日：　月　日 ㊞ ）							
業績	1	全体粗利益	109.0	138.0	150.5	1.27	1.0	1.3	4.3
	[illegible]	部門粗利益	78.5	88.2	95.0	1.12	1.0	1.1	
	3	担当粗利益	27.0	26.5	35.0	0.98	1.0	1.0	
	4	担当数字（リード獲得）	118.0	107.0	200.0	0.91	1.0	0.9	

最低0.5〜最高1.5。小数第3位を5捨6入し、小数第2位まで記入　　小数第2位を5捨6入し、小数第1位まで記入

③プロセス評価を記入します。

説明③

評価種別	No.	項目	1月 自己評価	1月 上司評価	2月 自己評価	2月 上司評価	3月 自己評価	3月 上司評価	①素点平均
プロセス	1	あるべき4つの姿の12項目を実践できたか	3	= 3	3	= 3	3	= 3	32.3
	2	「時を守り、場を清め、礼を正す」を徹底できたか	3	= 3	3	= 3	3	= 3	
	3	「報告・連絡・相談」は的確にできたか	3	4	4	= 4	3	4	
	4	常にお客様第一主義の姿勢で仕事に[illegible]たか	4	= 4	4	= 4	4	= 4	
	5	[illegible]するジョブレベル（プレゼン）	4	3	4	3	4	= 4	
	6	挑戦するジョブレベル（動機づけ）	3	= 3	3	4	3	2	
	7	挑戦するジョブレベル（目標達成）	4	5	4	5	3	= 3	
	8	会社の方針を十分理解し実行したか	3	= 3	3	4	3	4	
	9	お客様との接触回数（接近戦）を計画通り実行しているか	5	4	4	= 4	4	= 4	

採点基準（5段階）　5:優れている　4:やや優れている　3:標準　2:やや劣る　1:劣る　　小数第2位を5捨6入し、小数第1位まで記入

④方針共有評価を記入します。

説明④

評価種別	No.	項目	1月	2月	3月	素点小計	①素点合計
方針共有	1	ベクトル勉強会	4	4	4	12	35.0
	[illegible]	[illegible]	2	3	3	8	
	3	サンクスカード	3	3	0	6	
	4	マネクト勉強会	3	3	3	9	

1.ベクトル勉強会（回数・最大4回）　2.日報（100%▷③／〜90%▷②／それ以下⓪）　3.サンクスカード（目標未満▷⓪

⑤環境整備評価を記入します。

説明⑤

評価種別	No.	項目	1月	2月	3月	①素点平均
環境整備	1	環境整備点検	130	115	125	123

小数第1位を5捨6入し、整数で記入

⑥賞与ポイント（昇給ピッチ）。

説明⑥

【賞与ポイント】

評価	ピッチ	S	A	B	C	D
構成比		5%	20%	55%	15%	5%
[illegible]	2,800	800	560	400	280	200
5G	2,200	560	400	280	200	140
4G	1,700	400	280	200	140	100
3G	1,300	280	200	140	100	70
2G	1,000	200	140	100	70	50
1G	800	140	100	70	50	35

【始末書】

【反省文】

①氏名・部門・入社年月日・
グループ・上司など記入します。

⑧グループ別ウエイト配分。

説明①

グループ： 上司 上期

第2四半期（面談日： 月 日 ㊞ ）

④ 業績 ウエイト	⑤ 乗数	合計(A) ③x④x⑤	前年 同期実績	今期 実績	今期 目標	① 達成度	② 困難度	素点 ①x②	③ 素点合計	④ 業績 ウエイト	⑤ 乗数	合計(A) ③x④x⑤
50 %	30.0	(小数第1位を5捨6入) 65	103.0	95.5	150.5	0.93	1.0	0.9	3.5	50 %	30.0	(小数第1位を5捨6入) 53
			68.5	62.8	95.0	0.92	1.0	0.9				
			23.0	18.0	35.0	0.78	1.0	0.8				
			108.0	98.0	200.0	0.91	1.0	0.9				

説明⑧ 0% 3ｸﾞﾙｰﾌﾟ50% 4ｸﾞﾙｰﾌﾟ70% 5&6ｸﾞﾙｰﾌﾟ80%

第1四半期注意書きと同じ

②プロセス ウエイト	③ 乗数	合計(B) ①x②x③	4月 自己評価	4月 上司評価	5月 自己評価	5月 上司評価	6月 自己評価	6月 上司評価	① 素点平均	②プロセス ウエイト	③ 乗数	合計(B) ①x②x③
50 %	5.0	(小数第1位を5捨6入) 81	3 =	3	3 =	3	3	2	27.7	50 %	5.0	(小数第1位を5捨6入) 69
			3 =	3	3 =	3	3	2				
			3	2	4 =	4	3 =	3				
			4	3	4 =	4	4	3				
			4	3	4	2	4 =	4				
			3	2	3 =	3	3	2				
			4 =	4	4 =	4	3 =	3				
			3 =	3	3 =	3	3 =	3				
			5	4	4 =	4	4 =	4				

説明⑧ ｸﾞﾙｰﾌﾟ70% 3ｸﾞﾙｰﾌﾟ50% 4ｸﾞﾙｰﾌﾟ30% 5&6ｸﾞﾙｰﾌﾟ20%

第1四半期注意書きと同じ

	② 乗数	合計(C) ①x②	4月	5月	6月	素点小計		① 素点合計		② 乗数	合計(C) ①x②
	1.0	(小数第1位を5捨6入) 35	3	4	3	10		28.0		1.0	(小数第1位を5捨6入) 28
			0	3	0	3					
			3	3	0	6					
			3	3	3	9					

／目標達成▷③／それ以降10枚につき①点追加） 4.マネクト勉強会（参加③・不参加⓪）（項目最大素点3点）

	② 乗数	合計(D) ①x②	4月	5月	6月		① 素点平均		② 乗数	合計(D) ①x②
	1.3	(小数第1位を5捨6入) 160	115	115	110		113		1.3	(小数第1位を5捨6入) 147

1ｸﾞﾙｰﾌﾟ1.1倍 2ｸﾞﾙｰﾌﾟ1.2倍 3ｸﾞﾙｰﾌﾟ1.3倍 4ｸﾞﾙｰﾌﾟ1.5倍 5・6ｸﾞﾙｰﾌﾟ1.5倍

第1四半期注意書きと同じ

評価総合計(A+B+C+D)
341

説明⑨ ⑨四半期ごと評価総合計。 説明⑨

評価総合計(A+B+C+D)
297

有・無 枚
2枚で賞与半額
有・無 枚
2枚で始末書1枚

【賞与】 説明⑦

評価／点数	賞与ﾎﾟｲﾝﾄ	ポイント単価	禁煙手当	禁煙手当支給率
B ／ 638	⑦ 140	⑧ 2,170	60,000円	%
賞与支給計算 ⑦×⑧=⑨		⑨ 303,800	禁煙手当支給額	⑩
賞与支払総額 ⑨+⑩+始末書=⑪		⑪ 303,800 円		

上期評価合計
説明⑩
上期評価
B

勤続年数別支給率 ▷ 1年未満20% 2年未満40%
3年未満60% 4年未満80% 4年以上100%

⑦賞与計算ボックス。

⑩半期の評価合計点数と評価。

第1四半期および第2四半期において、上記のステップで計算を進めた結果、該当社員の上期評価合計は638点となりました。

ちなみに、紹介した事例は3グループの成果をもとにしています。もし4つの評価カテゴリーで全く同じ得点を獲得した場合でも、グループに応じて「評価総合計（A＋B＋C＋D)」の結果は変わります。例えば、1グループの場合の合計得点は603点、6グループでは665点になります。これは、グループごとに異なるウエイトが評価に影響するためです。重要なことは、**会社がその期にどこに重点を置いて経営しているかを理解し、その方針に沿って業務を進めることで、より高い得点を目指すことができます。**

2．評価決定プロセスの3ステップ

これまで説明した方法に従って評価面談シートを完成させると、社員の半期の努力が評価点という数値で表されます。**この数値がベースとなり、社員の評価が決まるだけではなく、昇給や賞与の金額まで決まります。**

ここにも「いる気社員」が「やる気社員」に変わるノウハウが隠されています。ここから、評価と報酬額が決定するまでのプロセスを、6つのステップに分けて詳しく説明します。

評価と報酬決定の6ステップ

ステップ1
評価グループを決める
▶ 164 ページ

ステップ2
半期の評価点数を整える
▶ 168 ページ

ステップ3
半期の評価が ABC で決まる
▶ 169 ページ

ステップ4
賞与ポイントが決まる
▶ 173 ページ

ステップ5
ポイント単価を決める
▶ 174 ページ

ステップ6
賞与と昇給の金額が決まる
▶ 182 ページ

POINT

評価面談シートを使って計算するだけで
自動的に賞与と昇給の金額が決まる

ますは、評価が決まるまでの３つのステップについて詳しく見ていきましょう

ステップ❶ 評価グループを決める

100年塾式・人事評価制度においては、先にも説明したように、相対評価によって評価が決まります。同じグループ（役職）に属する社員を比較して、評価結果に順位をつけるやり方です。比較するグループによって評価の結果が変わるため、どのグループで評価を行うかが重要になります。本書は特に、社員数が少ない小規模な企業を対象にしており、それぞれのグループ（階層）の人数も限られていることが予想されます。ここからは、小さな会社でも対応できる、適切なグループ分けの方法について最初にご紹介します。

下記の条件の社員数15人の会社をサンプルに説明を進めていきます。

1グループ・新入社員　２名
2グループ・一般社員　３名
3グループ・中堅社員　４名
4グループ・課長　３名
5グループ・部長　２名
6グループ・本部長　１名

第４章で説明したように、同一グループ内での相対評価を用いて、頑張って成果を出した人が高評価を受けられる仕組みが

採用されています。この評価制度では、会社全体の業績とは無関係に個人の順位が決定され、それに基づいて評価が定められます。「S 評価」「A 評価」「B 評価」「C 評価」「D 評価」の評価の配分比率は以下のとおりです。

S 評価▷全体の 5%
A 評価▷全体の 20%
B 評価▷全体の 55%
C 評価▷全体の 15%
D 評価▷全体の 5%

「S 評価」と「D 評価」は、それぞれ社員の上位 5%と下位 5%に与えられる評価ですが、社員数が少ない会社ではこれらの評価を実際に使用する機会は少なくなります。もちろん、素晴らしい成果を上げたときや評価面談シートをなくしてしまったときなどは、「S 評価」と「D 評価」を使用します。ですが、そのような機会は本当に多くありません。**そのため、通常「S 評価」に割り当てられる 5%を「A 評価」へ、同様に「D 評価」の 5%を「C 評価」へと再配分します。**これにより、配分比率は以下のように調整されます。

A 評価▷全体の 25%
B 評価▷全体の 55%
C 評価▷全体の 20%

社員数の少ない小さな会社では、この配分比率を使って評価することをおすすめします。

評価グループは5人を基準に考える

この配分比率を最も効果的に活用するための人数は、グループ内に5人の社員がいることを想定しています。5人いることで、例えばA評価を1人、B評価を3人、C評価を1人、のように明確に評価をすることが可能となります。会社の業績が好調なときなどは、配分を調整してA評価を1人、B評価を4人にするなどの柔軟な対応が取れるのも利点となるので、グループを構成する際には「5人」という人数を基準として考えてください。

以上のような理由から、15人の会社であれば以下の分け方が考えられます。
「1グループ・新入社員2名」と「2グループ・一般社員3名」
「3グループ・中堅社員4名」と「4グループ・課長3名」

あるいは、以下の分け方でも、問題ありません。
「1グループ・新入社員2名」と「2グループ・一般社員3名」
「3グループ・中堅社員4名」
「4グループ・課長3名」

同一評価グループのプロセス項目に注意する

複数のグループを統合して評価を行う際に不平不満が生じる主な原因は、評価面談シートのプロセス評価項目の内容にあります。例えば、1グループと2グループ、または3グループと

4グループのプロセス評価の内容が全く異なる場合、それぞれの難易度の違いによって不平不満が生じる可能性があります。

このため、同一の評価グループ内で行われるプロセス評価においては、**9つの項目のうち少なくとも6つは同じ内容**であることを確認してください。理想的には7つが同じで、2つだけが異なる程度が望ましいでしょう。評価グループを組み合わせる際には、この点を考慮してプロセス評価の項目も適宜見直すようにしてください。

5グループ以上は絶対評価で評価する

お気づきの方もいるかもしれませんが、これまでの説明で5グループ以上に関する説明がありませんでした。その理由は何でしょうか。

100年塾式·人事評価制度では、相対評価が基本であると説明していますが、この相対評価が適用されるのは1から4グループまでの社員です。**部長職以上の役職にある社員の賞与は絶対評価に基づいて決定されます。**なぜなら、**幹部社員は数字が人格**だからです。

会社は努力次第で大きく成長や発展をすることもあれば、簡単に潰れることもあります。会社が潰れる最大の原因は、幹部の甘さにあります。幹部の甘さは、会社にとって自滅行為に等しい。それなのに、なぜ甘くなってしまうのか。

新人の頃は、未知への挑戦ばかりで緊張して謙虚に努力をします。でも、ベテランになると、自分のやったことがたまたま上手くいき、偉くなり、過去の成功にあぐらをかき、固定観念に固まり、勉強を怠ります。その結果、時代の変化に取り残されてしまうのです。このように、幹部社員が甘くならないためにも、お客様の方向を向いて仕事をする、つまり「数字が人格」であるという覚悟が必要なのです。

そのため、5グループ以上の幹部社員に対しては、個人の成績に基づいて評価を行います。この際、比較の基準となるのは過去の自分自身の数字です。前年の業績を上回れば最低でも「B評価」を確保できますが、前年を下回る場合は最高でも「B評価」、場合によっては「C評価」が与えられることになります。

ステップ❷ 半期の評価点数を整える

次に評価面談シートの右下に記載された半期ごとの**「評価合計」**の点数を、評価グループごとに点数の高い順に並べ替えます。ここでは、先ほどと同様、15人の社員を持つ会社を例に説明を続けます。

例えば、3グループの中堅社員4名と4グループの課長職3名が同一の評価グループに属する場合、並べ方は以下のようになります。

鈴木さん　６５９
川野さん　６３９
内田さん　６３８
安達さん　６２０
松田さん　６１３
高橋さん　６０２
小林さん　６０１

この人事評価制度では、絶対評価ではなく相対評価で評価を行います。このため、役職や立場にかかわらず、他の社員との比較によって評価の結果が定まります。結果として、努力を重ねた社員は適正な良い評価を受けることができ、逆に努力が足りなかった社員はそれなりの評価を受けることになります。これにより、社歴の長さに依存せず、実際の貢献度に基づいた公平な評価を行う体制が整えられ、「いる気社員」が報酬面で不当に優遇されることがなくなり、「やる気社員」が育つ仕組みとなっています。

ステップ❸ 半期の評価が ABC で決まる

評価グループ別に点数順に並び替えた後は、半期ごとの評価を決定します。面談シートの左下部に記載されている ABC 評価の割合を参考にします。ステップ①でも説明したとおり、基本的な割合は A 評価が 25%、B 評価が 55%、C 評価が 20%です。

この ABC 評価の割合を、半期の評価合計点数に適用します。評価の対象となるグループが 7 名の場合、25%の A 評価は約 2 名、20%の C 評価は 1 名となり、残りの社員が B 評価となります。

鈴木さん　６５９　▷　A 評価
川野さん　６３９　▷　A 評価
内田さん　６３８　▷　B 評価
安達さん　６２０　▷　B 評価
松田さん　６１３　▷　B 評価

高橋さん　６０２　▷　Ｂ評価
小林さん　６０１　▷　Ｃ評価

Ａ評価を受けた川野さんとＢ評価を受けた内田さんの点数差はわずか１点。そして、Ｂ評価の高橋さんとＣ評価の小林さんの点数差もわずか１点。このわずか１点の違いですが、半期の評価は上記のとおりに決まりました。

社員が結果と評価の差を認識し、そのギャップを埋めようと努力しはじめると、そのメンバーは成長します。あの人は成長している、置いていかれるとまずいという危機感が生まれ、成長が連鎖します。言い換えると、チーム内に健全な競争が起これば、一人ひとりが勝手に成長せざるをえない環境が整います。

そもそも、人間の能力にはそれほど大きな差はありません。ある程度の期間仕事を続けていれば、個々のスキルの差はすぐに埋まります。経験が積み重なるにつれて、人は自身の潜在能力の限界に近づいていきます。この段階になると、社員同士の実力が伯仲してチーム内で健全な競争が生まれ、Ａ評価の地位は何度も入れ替わるようになります。この過程を通じて、チーム全体のレベルが向上していきます。このような継続的な成長と発展が、健全な組織運営の本質であるということです。

賞与の時期の社長の憂鬱を解消する

賞与の時期が近づくと、社員への評価を伝えることに憂鬱を感じる社長は少なくありません。その理由は、評価を受けた社員が納得せず、「これが会社からの評価ですか？」や「もっと評価されると思っていた」などの反応を示すことがあり、その結果、社長と社員の間に不快な空気が流れがちだからです。これまで 30 年間社長を務めてきた私自身も、この気持ちはとてもよくわかります。せっかくの賞与の機会のはずが、逆に関係を悪化させてしまうこともあるため、悪い雰囲気を避けたいがために甘い評価をしてしまう社長も少なくありません。これでは人事評価制度を導入した意味がなくなってしまいます。

しかし、100 年塾式・人事評価制度を採用すると、上記のような問題は生じません。なぜなら、評価は社員個人の半年間の努力が反映された評価面談シートの合計点数に基づいて決定されるのであって、**社長の主観によるものではない**からです。そのため、賞与の際の面談では、「内田さんは今回 B 評価ですが、A 評価の実力があると私はずっと思っている」といったポジティブな話が社員とできるのも、大きな特徴のひとつです。もちろん、社内全体の評価が甘くなることなどは決して起こりません。

評価面談シートを半年間にわたって使用することで、社員の努力が数字で見える化され、なぜ B 評価だったのかを振り返ることが可能になります。例えば、内田さんのケースを見てみましょう。

社長：「内田さん、B 評価だったらしいけど、あと何点取れば A 評価だったの？」
内田：「あと 1 点ですね」
社長：「なるほど、1 点か……。（評価面談シートを一緒に見ながら）どの項目をもう少し改善できたかな？どこをもっと徹底できたのかな？」

内田：「サンクスカードをもっと書けば、10点は違っていましたね」

社長：「そうか。じゃあ、次回はサンクスカードを忘れずに徹底しよう。内田さんなら絶対にA評価を獲得できる。だって、もうすでにA評価に値する仕事をしてるんだから！」

内田：「はい、次は絶対にA評価を目指します！」

このように、賞与面談で前向きな会話が社員とできるのは、この人事評価制度の大きなメリットです。賞与面談は年に1回または2回という貴重な機会です。この時間を前向きにするか、後向きにするかは、人事評価制度によって大きく変わります。

3．賞与と昇給の報酬額決定の3つのステップ

これまでのプロセスを経て、評価面談シートの点数を総合し、半期ごとの評価グループ（ABC評価）が確定しました。次のステップではこれらの評価結果をもとに、引き続き面談シートを活用して賞与と昇給の具体的な報酬金額を決定していきます。まずは、賞与と昇給の報酬額決定の3つのステップを詳細に見ていきましょう。

ステップ❹ 賞与ポイントが決まる

各社員の評価が確定した後は、その評価に基づき賞与の額を計算します。100年塾式・人事評価制度では、評価結果に応じて**賞与の金額を社員が自ら計算できる**よう設計されています。それでは早速、評価面談シートを用いて賞与の額を計算する手順に進みましょう。

先ほどの例で挙げた内田さんは、「3グループ」で「B評価」を受けました。評価面談シートの左下にある「賞与ポイント」の表を参照し、3グループ・B評価に相当する賞与ポイントを確認します。表を見ると、「140」と記載されており、**内田さんの今回の賞与ポイントは「140ポイント」になります。**このポイント数は評価の結果に応じて変動し、A評価だと「200ポイント」、C評価では「100ポイント」となります。

賞与ポイント一覧表

［賞与ポイント］

	構成比	5%	20%	55%	15%	5%
評価	ピッチ	S	A	B	C	D
6G	2,800	800	560	400	280	200
5G	2,200	560	400	280	200	140
4G	1,700	400	280	200	140	100
3G	1,300	280	200	140	100	70
2G	1,000	200	140	100	70	50
1G	800	140	100	70	50	35

ステップ❺ ポイント単価を決める

賞与ポイントが定まれば、次に行うのはポイント単価の決定です。**このポイント単価は、社員ではなく社長が決める部分です**。ここでは、その決定プロセスについて説明します。

多くの会社では、個々の社員に対して「Aさんにはこれだけ、Bさんにはこれだけ」という具体的な金額を決定し、それらを合計して賞与の総額を定めています。このように個別の支給額から総額を算出するアプローチを採用している限り、経営資源が限られている小さな会社が強くなることは難しい。なぜなら、会社の財務状況や将来の投資計画を十分に考慮せずに賞与が決定されがちだからです。その結果、短期的な社員の満足度は向上しても、長期的な会社の成長や安定性が犠牲になる可能性があるからです。

では、一体どのように賞与の支給総額を決めればよいのでしょうか。

支給総額の決定方法は「粗利益連動型」がおすすめ

最初に行うのは、**会社全体で支給する賞与の総額を決める**ことです。この総額は、会社の成長ステージや財務状況によって異なるので、中期計画などの将来を見据えた上で社長が決定します。営業利益に基づいて賞与総額を算出する方法もありますが、特に小さな会社では節税対策などによっていくらでも営業利益を圧縮できてしまうため、この方法ではなかなか上手くいきません。

おすすめする賞与の支給総額の決め方は「粗利益連動型」で、

前期に比べて増加した粗利益の一定割合（10 ~ 20%）を分配する方法です。この方法は、インセンティブ制とは異なります。インセンティブ制のデメリットは、成果を自分だけの手柄にしてノウハウの属人化が起こってしまうことです。さらに、社内での知識共有や協力の文化が育ちにくくなってしまいます。

インセンティブは「個人戦」・粗利益連動型は「団体戦」

「粗利益連動型」で重要なのは、賞与原資の粗利益を最大化することです。例えば、以下のケースで見ていきます。

- 自分１人の粗利益が 3000 万円、他の９人は 1000 万円
  ➡**賞与原資は 1.2 億円**
- 自分１人の粗利益が 3000 万円、他の９人は 2500 万円
  ➡**賞与原資は 2.6 億円**

一般的な「インセンティブ制」を採用している会社では、**自身の評価を高めるために、有益なノウハウを他人と共有しない**傾向があります。これは、自分の知識や技術を共有することで自身の価値が相対的に低下すると考えられるからです。

これに対して、**「粗利益連動型」**では、ノウハウを隠すよりも教えるほうがより合理的です。上のケースからもわかるとおり、隣の同僚の成績が低いと賞与原資となる粗利益が減少し、結果として自分の賞与も低くなるためです。**そのため、貴重なノウハウは、隠しておくよりも勉強会などで共有したほうが、結果的に粗利益を大幅に増やし自分の賞与を高めることに繋がります。**

一匹のミツバチが蜜を採る量には限界があります。しかし、彼らが団結し、それぞれの得意分野で協力することで、大量の蜜を採取し、巣を繁栄させることが可能となります。個々のミツバチが持つ独自の役割を果たすことで、全体としての成功を実現します。この自然界の原理は、ビジネスの世界にも適用されます。個人の力は確かに貴重ですが、組織全体が協力して目標に取り組むことで、個々の力を遥かに超える大きな成果を生み出すことができるのです。

「相対評価」×「粗利益連動型」が組織力を向上させる

さらに**「相対評価」**と**「粗利益連動型」**を組み合わせることで、社内での過度な競争や争いが減少します。なぜなら、他人を出し抜く行動が直接粗利益の減少につながり、結果的に自分の評価も下がるため、社内にいる誰も得をしないからです。「私も頑張るから、あなたも頑張って！」という、強い会社が持っている、互いに高め合い、組織全体の成果を最大化する文化が育ちます。

つまり、**この人事評価制度は、全社員が知恵やノウハウを共有し、団結してお客様満足度の向上に徹底的に取り組むことで業績を向上させ、その結果として粗利益を増加させる仕組みになっています。これにより、賞与のポイント単価が上昇し、結果的に全社員の賞与額が増加するという構造に設計されています。**

ポイント単価の決め方

① 賞与の総支給額を決定する

「粗利益連動型」
前期と比較して増加した粗利益の 一定割合（10~20%）を分配する

② 全社員の賞与ポイントを合計する

③ ポイント単価が決定する

「①総支給額」を「②賞与ポイント合計」で割ると
1ポイントあたりの単価が決まる

① 500万円÷② 2,440ポイント＝③ 2,050円

POINT

**「相対評価」×「粗利益連動型」で
組織全体の成果を最大化する企業文化が育つ**

評価グループ別にポイント単価を変える

続いて、全社員の賞与ポイントの総合計を算出します。このプロセスはとても簡単です。ステップ❹で決めた賞与ポイントを全社員に報告してもらい、それらを集計して合計します。ただし、ポイント単価は評価グループによって異なるため、評価グループごとに賞与ポイントを集めて、それぞれを合計する必要があります。なぜ、評価グループごとにポイント単価を変えるのか。これには理由が２つあります。

理由①　人事評価制度の魅力を最大化する

これまでお伝えしてきたとおり、100 年塾式・人事評価制度は、「相対評価」×「グループ別報酬」×「粗利益連動型」で設計されています。この制度により、会社の業績が向上すると賞与額も増加し、業績が低迷すると賞与額もそれに応じて低くなります。幹部社員がこの制度に積極的に受け入れ、支持してくれる理由は、業績が良いときには幹部社員の属するグループのポイント単価を手厚くして優遇しているからです。小さな会社の業績は、幹部社員の活躍次第で決まります。**ですから、業績が良いときには手厚い報酬を配分し、逆に、業績が厳しいときは、もちろん厳しい報酬配分になります。**

業績が良いとき、３グループ以上のポイント単価を上げる
業績が悪いとき、３グループ以上のポイント単価を下げる
（このとき２グループ以下のポイント単価はできるだけ一定に保つ）

多くの社長がこのように感じていることでしょう。

「業績が良かったから、その成果を賞与で社員に還元したい。けれども、次の期に賞与が減少した際にどんな反応が返ってくるか不安だ。だから、賞与を増やせない」。

このようなジレンマはよくわかります。しかし、業績が好調だったことは社員も知っています。もし、賞与額が想像以上に増えていなければ、「これだけ結果を出しても報われないのか。努力してもしなくても同じだな」と感じ、本気で取り組む「やる気社員」が減り、「いる気社員」が増えていきます。

粗利益連動型のこの人事評価制度では、賞与が減少することもあり得ます。このことは、社長と社員がこのシステムを理解しているため、業績が良かったときには社員が驚くほど大胆な賞与配分を実現できるのです。そして、その報酬を目の当たりにした社員たちは「成果を上げればしっかりと報いてくれる」と感じ、より一層の活躍へと力強く動き出してくれます。

理由②　賞与の安定が新人の定着率を安定させる

社歴が浅い社員は、会社の人事評価制度の詳細を理解していません。そのため、粗利益連動型の報酬制度をそのまま適用すると、「賞与が減った」と文句を言って退職してしまいます。このような状況を防ぐために、若手社員が多い1・2グループでは、たとえ会社の業績が良くても、賞与額を急激に増加させない方針を取っています。

業績が良いときも悪いときも、賞与の「ポイント単価」を可

能な限り一定に保ち、さらに、配分されるポイント数の差を小さくすることで、賞与額が大きく減少することを防いでいます。

このような対策は、人事評価制度の仕組みを十分に理解していない社員への配慮から行われています。社長は安易に社員が喜ぶこと、つまり、賞与の一時的な増額などはしてはいけません。翌年以降に賞与が減少したときに、双方がかなり嫌な思いをするからです。これは社長を 30 年間務めてきた経営経験から得た私の教訓です。

以上の理由からも、評価グループごとにポイント単価を変えることをおすすめします。

例えば以下のようなパターンです。

「1・2グループ」「3・4グループ」「5・6グループ」などの３階層パターン

「1・2グループ」「3グループ以上」などの２階層パターン

社員数が少ない小さな会社では、手続きが複雑になりすぎないようにすることが重要です。そのため、シンプルな２階層パターンをおすすめします。

グループ別のポイント単価を計算する

「粗利益連動型」をもとに賞与の総支給額が決まり、全社員の賞与ポイント合計と評価グループの階層が確定したら、ポイント単価の算出は簡単です。

１階層パターンの計算式は次のとおりです。

ポイント単位の計算式①

「賞与総支給額」÷「全社員の賞与ポイント合計」＝「ポイント単価」

「賞与の総支給額」を「全社員の賞与ポイントの合計」で割ることにより、１ポイントあたりの単価が算出されます。例として、賞与の総支給額が500万円、全社員の賞与ポイントの総合計が2440ポイントの場合、１ポイントあたりの単価は約2,050円になります。

２階層パターンの計算式は次のとおりです。

ポイント単位の計算式②

①**「１・２グループ賞与ポイント合計」×「前回のポイント単価」**

②**（「賞与総支給額」-①）÷「３グループ以上の賞与ポイント合計」＝「３グループ以上のポイント単価」**

1・2グループの階層におけるポイント単価は年ごとに大きな変動が少ないため、①を先に計算します。この算出された金額を「賞与総支給額」から引き、その残額を3グループ以上の賞与ポイント合計で割ることで、3グループ以上の階層のポイント単価を求めます。

例えば、「1・2グループの賞与ポイント合計」が440点で、「前回のポイント単価」が1,500円だった場合、これによる1・

2グループの賞与金額は66万円となります。

①440点×1500円＝66万円

この金額を賞与総支給額500万円から差し引き、残りの金額（434万円）を「全社員の賞与ポイント合計」2440点から「1・2グループの賞与ポイント合計」440点を差し引いた2000点で割ることにより、3グループ以上の階層の「ポイント単価」が2,170円となります。

②（500万円－66万円）÷2000点＝2170円

はじめは少し複雑に感じられるかもしれませんが、「賞与総支給額」と「全社員の賞与ポイント合計」が既に固定値として設定されています。ですので、実際の会社の数字を使って計算してもらうことで、グループごとの「ポイント単価」を簡単に計算できます。

ステップ❻ 賞与と昇給の金額が決まる

これまでに説明した❶評価グループの決定から❺ポイント単価決定までの計算が終了したら、残る作業は賞与と昇給の金額を算出するために次のシンプルな計算方法で計算するだけです。

賞与金額の計算式

賞与支給総額＝（賞与ポイント×ポイント単価）＋各種手当支給額

評価面談シートの右下に「賞与」と書かれた場所があります。そこの各欄に評価点数の計算で決まった数字（「評価·評価合計点数」「賞与ポイント」「ポイント単価」）を記入します。

賞与計算ボックス

【始末書】 有・無　　枚
2枚で賞与半額
【反省文】 有・無　　枚
2枚で始末書1枚

【賞与】

評価／点数	賞与ﾎﾟｲﾝﾄ	ポイント単価	禁煙手当	禁煙手当支給率
／	⑦	⑧	60,000円	%
賞与支給計算　⑦×⑧＝⑨		⑨	禁煙手当支給額	⑩
賞与支払総額　⑨＋⑩＋始末書＝⑪		⑪　円		

上期評価合計
633
上期評価
B

勤続年数別支給率 ▷ 1年未満20%　2年未満40%　3年未満60%　4年未満80%　4年以上100%

この表には「禁煙手当」と書かれた場所があります。私たちの会社では、自分を大事にする一環として非喫煙を推進しています。そのため、たばこを吸わない社員には、賞与に禁煙手当を追加して支給しています。他にも別途で賞与に追加する手当などがある場合、ここでの最後の計算時にこれらを加算することもできます。また、勤続年数に応じて支給額を調整することもできます。

先ほどのサンプル例を使って、実際に計算してみましょう。

この例では、2グループのB評価を受けた社員の賞与計算を行います。

【計算❶】「賞与ポイント」の表から2グループ·B評価の「100」という値を**「⑦賞与ポイント」**欄に記載します。

【計算❷】ポイント単価が「1,500円」と決定したので、この値を**「⑧ポイント単価」**欄に記載します。

【計算❸】賞与支給額は、**「⑦賞与ポイント」**×**「⑧ポイント単価」**の計算で、150,000円が**「⑨賞与支給額」**として算出されます。

【計算❹】この社員は勤続3年目を想定しているので、禁煙手当の支給率は3年未満で「60%」となり、禁煙手当は36,000円になります。

【計算❺】**「⑨賞与支給額」**と**「⑩禁煙手当支給額」**を合わせた合計186,000円が、この社員の**「⑪賞与総支給額」**となります。

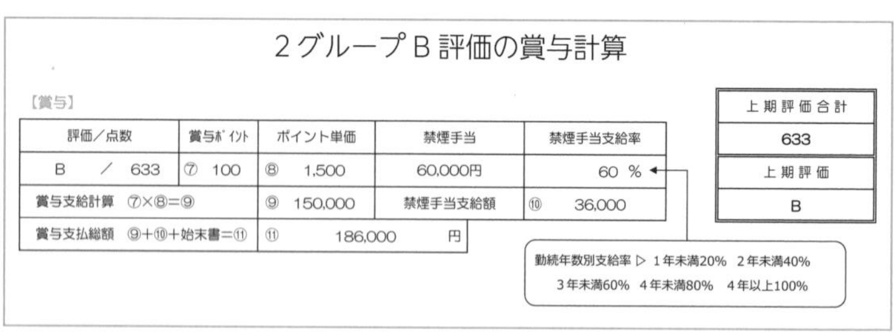
2グループB評価の賞与計算

【賞与】

評価／点数	賞与ポイント	ポイント単価	禁煙手当	禁煙手当支給率
B　／　633	⑦　100	⑧　1,500	60,000円	60　%
賞与支給計算　⑦×⑧=⑨		⑨　150,000	禁煙手当支給額	⑩　36,000
賞与支払総額　⑨+⑩+始末書=⑪		⑪　186,000　円		

上期評価合計
633
上期評価
B

勤続年数別支給率 ▷ 1年未満20%　2年未満40%　3年未満60%　4年未満80%　4年以上100%

次の例では、5グループのB評価を受けた社員の賞与計算を行います。

【計算❶】上記と同様に、「賞与ポイント」の表から5グループ・B評価の「280」という値を**「⑦賞与ポイント」**欄に記載します。

【計算❷】ポイント単価が「2,170円」と決定したので、この値を**「⑧ポイント単価」**欄に記載します。

【計算❸】賞与支給額は、**「⑦賞与ポイント」**×**「⑧ポイント単価」**の計算で、607,600円が**「⑨賞与支給額」**として算出されます。

【計算❹】この社員は勤続12年目を想定しているので、禁煙手当の支給率は4年以上で「100%」となり、**禁煙手当は60,000円**になります。

【計算❺】**「⑨賞与支給額」と「⑩禁煙手当支給額」**を合わせた合計667,600円が、この社員の**「⑪賞与総支給額」**となります。

5グループB評価の賞与計算

【賞与】

評価／点数	賞与ポイント	ポイント単価	禁煙手当	禁煙手当支給率
B　／　633	⑦　280	⑧　2,170	60,000円	100　%
賞与支給計算　⑦×⑧=⑨		⑨　607,600	禁煙手当支給額	⑩　60,000
賞与支払総額　⑨+⑩+始末書=⑪		⑪　667,600　円		

上期評価合計
633
上期評価
B

勤続年数別支給率 ▷ 1年未満20%　2年未満40%
3年未満60%　4年未満80%　4年以上100%

「昇給ピッチ数」×「昇給ピッチ単価」で昇給額が決まる

昇給額の計算も同様に簡単な計算で算出できます。

まず**「昇給ピッチ数」**ですが、下記の昇給ピッチ表にあるように、**通期の評価によって昇給ピッチ数が自動的に決まります**。「A評価」であれば「4段階」、「C評価」であれば「2段階」となります。先ほどの2人の社員はいずれも「B評価」でしたから、彼らの昇給ピッチ数は「3段階」となります。

昇給ピッチ表

通期の評価	S	A	B	C	D
昇給ピッチ数	5	4	3	2	1

次に**「昇給ピッチ単価」**は、**賞与ポイントの表の左側に記載されている金額が、１ピッチあたりの昇給額**を示しています。昇給額の金額は「昇給ピッチ数」に「昇給ピッチ単価」を掛けることで自動的に算出されます。

先程、2グループのB評価を受けた社員の昇給の基準となる「昇給ピッチ単価」は「1,000円」ですから、「昇給ピッチ数」の「３段階」を掛けた3,000円が昇給額となります。

【計算式】 1,000円×３段階＝ 3,000円

一方、５グループでB評価を受けた社員の場合、「昇給ピッチ単価」は「2,200円」、「昇給ピッチ数」が同じく「３段階」と設定されているため、昇級額は6,600円となります。

【計算式】 2,200円×３段階＝ 6,600円

このように評価グループに応じてABC評価が確定すれば、賞与ポイントや昇給ピッチ、そして、賞与額から昇給額まで自動的に算出されます。この人事評価制度を導入している社長たちからは「これほどまでにシンプルで理解しやすい人事評価制度は他にはない。このシンプルさが現場の社員にもスピーディーに理解され、本当に助かっています」とより実践的な人事評価制度として高く評価されています。

賞与額・昇給額の決まり方

「３グループでＢ評価だった社員」のケース

	構成比	5%	20%	55%	15%	5%
評価	ピッチ	S	A	B	C	D
6G	2,800	800	560	400	280	200
5G	2,200	560	400	280	200	140
4G	1,700	400	280	200	140	100
3G	1,300	280	200	140	100	70
2G	1,000	200	140	100	70	50
1G	800	140	100	70	50	35

3グループポイント単価決定　　2,170円

３グループで賞与ポイントが「140点」
ポイント単価が「2,170円」の場合の賞与額は…

140ポイント × 2,170円 ＝ 303,800円

昇給額は、３グループのピッチは「1,300円」
「Ｂ評価」の昇給ピッチが「３ピッチ」なので

1,300円 × 3ピッチ ＝ 3,900円

評価・賞与・昇給まで評価面シート１枚で完結

100 年塾式の人事評価制度の魅力は、このシンプルさにあります。社長が「ポイント単価」を設定すれば、社員は自分で電卓を使って自らの賞与や昇給額を計算できます。さらに、評価が期待どおりではなかった社員も、「あと○点、どこで頑張っていれば１つ上の評価になれたのか」と、自分がどこでより頑張れば次期に向けて評価を上げることができるかを、評価面談シートを参照しながら考えることができます。

このシステムの透明性とシンプルさが、社員に自身の行動とその結果について深く考えさせ、積極的に行動を変える動機づけとなります。結果として、「いる気社員」から「やる気社員」への変化を促し、会社全体のモチベーションを高めることができます。小さな会社にとって、このような明瞭で理解しやすい人事評価制度が、成功への鍵となります。

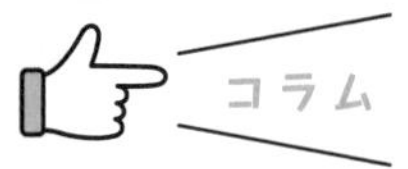

潰れない強い会社のつくり方⑦

小さな会社は社内勉強会で強くなる

小さな会社では社員数が少ないこともあり、社員一人ひとりが会社に与える影響が大きくなる特徴があります。そのため、組織の成長と発展を促進する鍵は、社員個人の成長を支援する仕組みをつくることにあります。そこでおすすめするのが「社内勉強会」です。

社内勉強会とは、社内で誰かが上手くいっている仕事や業務、成功体験や専門知識などを、その社員を講師として、ノウハウを社内に共有することを目的とした勉強会のことです。この社内勉強会を定期的に行うことで、社内で蓄積された知識や情報などのナレッジを全社員で共有し、相互に教え合う機会をつくります。これにより業務効率や生産性が高まり、結果として会社全体の粗利益を増加させることに繋がります。これは社員全員の報酬増加に直結し、全員が成長と成功を実感できる環境を創り出します。

私たちの会社で、人事評価制度が効果的に機能している理由のひとつに、社内で毎年９月に開催している「報酬体系勉強会」にあります。この勉強会では、長期間にわたってＡ評価を受け続けた社員とＣ評価を受け続けた社員の

10 年後の年収差を、実際の数字を使ってシミュレーションします。これにより、社員には人事評価が個々のキャリアと経済的な将来に与える影響を、社員は明確に理解することができています。

実際のシミュレーション内容は次のとおりです。

入社 1 年目は 4 月入社のため評価は一律 B 評価。また、入社後 12 ヶ月経過していないこともあり、賞与対象外となるため賞与は支給されません。そのため、1 年目の報酬には差が出ません。

しかし、2 年目以降から 2 人の評価は「A 評価」と「C 評価」を受け続ける設定のため、賞与ポイント、ポイント単価、賞与額、昇給額、そして、抜擢昇進に至るまで、あらゆる項目で変化が起こります。これらにより、2 人の年収差は 2 年目で 140,000 円、3 年目で 519,200 円、4 年目で 548,000 円、5 年目で 576,800 円、、、そして、10 年目の 2 人の年収差は 1,538,400 円にまで広がります。

この勉強会では、社員自らが 10 年後の報酬シミュレーションを手計算で行います。A 評価と C 評価を 10 年間取り続けた場合の結果を目の当たりにすると、全社員「マジか」という反応を示します。人事評価や報酬制度は、制度をつくっただけでは機能しません。こうした勉強会を通じて、それぞれの社員に繰り返し深く理解させることで、仕組みとしてはじめてその真価を発揮します。

小さな会社経営では、社内で成功している取り組みに注目し、それを組織全体に展開することが競合他社との差別化に繋がり、優位に立つことができます。弱みをいくら磨いても普通止まりです。強みを磨くことが差別化に繋がります。

社員教育に関しても、外部研修に高額な投資をする必要はありません。社内勉強会のように社員の成長を促す仕組みを社内に構築し、これを継続することで、成長と発展をし続ける強い組織が誕生します。

第8章

人事評価制度導入の社長の心得

1．なぜ、会社は絶えず成長・発展し続けなければならないのか？

大切な人を守り続けるため

私たちはこれまで多くの会社に、この本で紹介した「100年塾式・人事評価制度」を導入してきました。導入するときには必ず先方の会社に出向き、全社員の前で人事評価制度導入の目的と理由を丁寧に説明しています。その過程で、社員の方々と何気ない会話を重ねる中で、どこの会社の社員もひとつの共通した疑問を持つことに気づきました。それは、**「なぜ、会社は絶えず成長・発展し続けなければならないのか？」**というものです。

会社が定めていた目標を達成しても、次はさらに高い目標が設定されます。この繰り返しの中で、社員は疑問を感じるようになります。目標を達成するごとに新しい目標が立てられるこの状況は、いつまで続くのだろう？　この疑問に対する明確な答えがあれば、仕事へのモチベーションは向上し、会社への理解も深まります。なぜ、会社は絶えず成長・発展し続ける必要があるのでしょうか。

ひと言でいえば、それは「大切な人を守り続けるため」です。

もちろん「大切な人」の定義は人によって異なります。友達や同僚、もう少し広く考えると、お客様や取引先なども大切な存在です。しかし多くの社員にとって、真っ先に浮かぶ最も大切な人は「家族」ではないでしょうか。

家族が成長するために、会社の成長が必要

家族とは日々成長しています。結婚して家族が誕生し、子供に恵まれすくすくと成長して、学校生活がはじまり、いくつかの受験などを経験しながら進学し、大人へと成長していきます。そして、いざ子供が巣立ったと思っても親の心配は尽きない……。このように、絶え間ない家族の成長を守り続けるというのは、ものすごく大変なことだとは理解できると思います。

そして、会社の経営もまた、変化の激しい環境の中で生き残りをかけた戦いをしています。脆弱な財政状況、絶え間ない競争、絶えず変わり続ける市場、そして人手不足の問題など、多くの課題が経営には待ち受けています。もし、これらの課題への適切な対応を誤れば、最悪の場合は倒産することも起こりえます。だからこそ、経営はこれらの課題を常に注意深く監視し、機敏に対応・対策し続ける必要があります。

「家族の成長」と「厳しい経営環境」。この２つの理由から考えても、働くすべてのお父さん・お母さんは大切な人を守り抜くために頑張る必要があるのです。**すべては一緒に働くみんなにとって「大切な人を守り続けるため」です**。時代の変化に合わせて変化し続けることで、会社は成長・発展し続けることができます。そして、会社の成長と発展こそが、大切な人を守り続けることに繋がるのです。

2．永続的に成長・発展し続けるために必要なものとは？

小さな会社が永続的に成長・発展し続けるためには、何が必要でしょうか。

関わる人たちから支持されること

みなさんがまず思い浮かべるのは、「唯一無二のビジネスモデル」「独自性のあるサービス」「強力な販売戦略」「効率的な組織運営」などではないでしょうか。これらはいずれも間違いではありません。ただ、会社とは、周囲と共存することで存在できていることもまた事実です。つまり、関わる人たちから「支持されること」で会社は存続することができています。

大手企業であれば、広告や商品開発に多額のコストをかけて一気に市場を席巻することができます。しかし、経営資源が限られた小さな会社ではこれを真似することはできません。経営資源として「ヒト」「モノ」「カネ」がある中で、「モノ」と「カネ」に焦点を当てても、大企業との競争には勝てません。そこで、小さな会社が真に力を入れるべき経営資源は「ヒト」であり、社員一人ひとりの力で支持を集める必要があります。

小さな会社を経営する上で「ヒト」の力に着目することは、関係者全員からの支持を得ることに直結します。社員、お客様、取引先、地域社会など、会社を取り巻くすべての人々との良好な関係は、会社の存続と成長の基盤をつくります。小さな会社であればあるほど、この「ヒト」の力が経営の中心になり、それが会社の大きな強みとなり、ブランドとなるのです。

会社とお客様を繋げる「社員」の質を高める

実際に、会社がお客様や地域から支持される背景には、「ヒト」の力が大きく関わっています。人と人との関係づくりが大きな信頼となり、お客様はもちろん、地域や社会との繋がりへと広がっていきます。このような信頼構築の過程で中心となるのが「ヒト」であり、それが「社員」たちです。つまり、**会社とお客様を繋ぐ社員一人ひとりの質を高め、お客様や地域との架け橋となることが、結果的に関わる人たちから支持されることに繋がります。**

理想の社員とは、お客様から感謝されるだけでなく、地域や会社、同僚からも支持される「ヒト」です。これは、単に業務スキルが高いというだけでなく、人間としての人柄やコミュニケーション能力、チームプレーを重視する心持ちなど、人としての全面的な成長が求められます。社員がこのような全人的な成長を遂げることにより、会社はお客様や地域から真の意味で支持される企業へと成長することができるのです。

人事評価制度の本質は人を成長させる道具

そのような、関わるすべての人たちから支持される理想の社員を育成するためには、人事評価制度が欠かせません。一部の社長は誤解しているかもしれませんが、人事評価制度の本質は、個人の能力や人格そのものを評価することではありません。重要なのは「人」ではなく、「行動」や「成果」、つまり「やったこと」や「できたこと」といった具体的な活動を評価することです。評価基準に沿って社員の成長を継続的に観察し、以前はできなかったことができるようになるプロセスを通じて、社員が小さな成功体験を積み重ねていくことで、支持される人材へと段階的に成長していくのです。

3．人事評価制度の目的とは？

人材育成を通じた経営計画の達成

人事評価制度とは、関わるすべての人たちから支持される理想の社員を育成する仕組みであることは理解できました。では、人事評価制度のベースとなっていること、つまり、目的とは一体なんでしょうか。**人事評価制度とは、経営計画を実現するための重要な仕組みのひとつであり、その最終目的は、人材育成を通じて経営目標を達成することにあります。**

小さな会社の成長と発展には、経営計画と人事評価制度の仕組みが欠かせません。社員が高い成長意欲を持ち、会社のビジョンや目標にベクトルを合わせて情熱を持って取り組んでいくことが、彼ら自身はもちろんのこと、お客様にとっても大きな価値を生み出し、関わる人たちの支持を集め、会社を成長させていくエネルギーになります。

経営計画には、自社の経営に対する考え方や将来あるべき姿、そして、その実現に至る戦略が具体的に書かれています。この計画を全社員で共有し、それぞれの役割に応じた評価基準を用いてパフォーマンスを評価し、課題を確認しながら改善サイクルを回していきます。これにより、社員全員を育成しながら、組織全体を経営目標の達成に導いていくことができます。

経営計画の目的は「みんなで幸せになる」

経営計画の究極の目的は、目標達成を通じて理想の未来を実現すること、すなわち「みんなで幸せになる」ことにあります。幸せになるためには、「モノ」と「ココロ」を豊かにする必要があります。経営計画と人事評価制度を通じて、全員が成長を続けながら、一丸となって「みんなで幸せになる」という目標に向かう理想の組織が実現します。

にもかかわらず、経営計画と人事評価制度を実践している小さな会社は1割もありません。なぜ、これほどまでに少ないのでしょうか。

それは、多くの社長が経営計画と人事評価制度の重要性を頭では理解していても、緊急性が低く必要に迫られていないからです。確かに、これらがなくとも経営はできますし、直接的に売上が下がるわけでもありません。

しかし、目の前の業績だけではなく、全員が一丸となって目標に向かう理想の組織を実現し、将来にわたって人と組織を成長・発展させ続けたいのであれば、他のことは後回しにしてでも経営計画と人事評価制度に着手すべきです。理想の未来を実現するために、重要だが緊急ではない課題に取り組むことこそが、社長の責務だからです。

4.「経営計画」×「人事評価制度」ではじめて理想の組織が誕生する

「ルール×規律」で組織が躍動しはじめる

経営が上手くいっている会社は、以下のようなとてもシンプルな仕組みで経営されています。

「誰でも売上が上がる仕組みがある」
「ルールを守る人が評価される」
「ルールを守らない人を評価しない」

「経営計画」を使って誰でも成果を出せる仕組みを共有して、「人事評価制度」を使ってルールを守って成果を出した人が評価される環境があります。このような環境は「経営計画」と「人事評価制度」の２つがあることではじめて手にすることができる環境です。その結果、理想の未来を目指した強い経営が可能となります。

逆に、経営が上手くいっていない会社には以下のような特徴があります。

「誰でも売上を上げられる仕組みがない」
「ルールがないのになぜか厳しい」
「ルールを守らない人も社長の気分で評価される」

このような経営では、誰が考えても長期的に繁栄し続ける組織をつくることは難しいことがわかります。まさに「負けに不思議の負けなし」です。

経営計画がなく、人事評価制度だけがある会社では、全体的な目標や方針が曖昧で共有されていないため、日々の業務の取り組みが目標達成にどのように貢献しているのか理解しにくくなります。このような状況では、組織の長期的な成長や発展に必要な戦略的意思決定ができないため、短期的な成果だけを重視した経営に陥ります。この状態が続くと、組織としても個人としても目的意識を見失い、やがて燃え尽き症候群に陥るリスクが高まります。

一方で、経営計画はあるものの人事評価制度がない会社では、会社の方針に基づいて組織全体は動いているものの、社員の努力が正当に評価される機会がありません。これにより、社員のモチベーションが低下し、目標達成に向けた意欲もなくなる可能性があります。また、適切な人事評価制度の欠如は、社員の潜在能力や適性を正確に把握することや、計画的に人材を育成することを妨げ、最終的には組織の成長が停滞する原因となります。

３つの理想の経営環境を手に入れる

小さな会社を運営する社長にとって、会社を成長させ、社員が一丸となって働く理想の環境をつくることは、経営の最大の目標のひとつです。しかし、それを実現するためには、「経営計画」と「人事評価制度」をしっかりと整えることです。そしてこの２つを連携させることで、理想の経営環境には欠かせない次に挙げる３つの環境を手に入れることができます。

理想の経営環境①社員全員のベクトルが揃う

小さな会社の経営では、社長と社員のベクトルを合わせることが強い経営に繋がります。経営計画も人事評価制度も、社員を成長させながら会社の目標やビジョンを実現することが真の目的です。ルールと規律で全社員のベクトルが揃う組織では、夢を現実にするチカラが最大化し、お客様から支持され、成長・発展し続ける環境が整います。

理想の経営環境②成長意欲の高い社員が育つ

成長意欲の低い人、否定的な態度を取る人は評価されません。このアプローチを人事評価制度で徹底することにより、「いる気社員」は、「やる気社員」に変わるか会社を去るしかなくなります。結果、社内には会社の目標やビジョンに共感した、積極的に挑戦と成長を楽しむ「やる気社員」だけが集まる環境が整います。

理想の経営環境③ 会社のビジョンや魅力に惹かれて人が集まる

会社の目標とビジョンを経営計画で掲げることにより、自らのキャリアビジョンと会社のビジョンが一致する会社で働きたいと考える人が集まります。さらに、魅力的な人事評価制度のもと、イキイキと活躍する先輩社員の姿を見ることで、「私もこのチームの一員になりたい」と思う成長意欲の高い人だけが入社する環境が整います。

蒔いた種以外は収穫できない「農場の法則」

小さな会社の経営は、農場経営にたとえることができます。

とても当たり前のことなのですが、農場では蒔いた種類の作物しか収穫できません。例えば、かぼちゃの種を蒔いたらかぼちゃが収穫できます。きゅうりの種を蒔けばきゅうりが、トマトの種を蒔けばトマトが収穫できます。これは誰でもわかることです。ですから、かぼちゃの種しか蒔いていないのに、「トマトができない」という言う人は、もちろん誰もいません。

にもかかわらず、経営になると、理想の組織を手に入れるための具体的な行動や仕組みづくりを整えていないにもかかわらず、「優秀な社員が育たない」「経営が上手くいかない」と嘆く社長が少なくありません。ここでお伝えしたいことは、**良いことも悪いことも、会社で起こっていることすべては、過去に社長が蒔いた「種」の結果に他ならならないということです。**

社風・文化は「土壌」、組織は「鉢」、人材は「種」、そして、社長は「農夫」です。

農夫である社長が、栄養分の高い良質な「土壌」を日々耕し、「種」を蒔き、愛情を持って世話をし、成長を見守り続けること。このプロセスなくして、求める成果を手にすることはできません。**「蒔いた種以外の作物は収穫できない」という、単純ながら極めて重要な原理原則を忘れないでください。**

社員数の少ない経営資源が限られている小さな会社こそ、「経営計画」と「人事評価制度」という２つの重要な仕組みを社内に導入し運用することで、関わる人たちが「みんなで幸せになる」ために、絶えず成長と発展をし続ける理想の組織を手にすることができるのです。

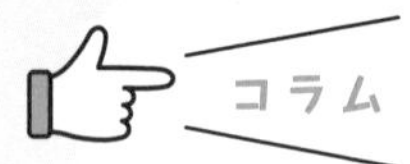

潰れない強い会社のつくり方⑧

小さな会社は社長の上機嫌で強くなる

これまでご紹介してきたように小さな会社を強くするためには、いくつもの要素が関わってきますが、中でも組織全体に大きな影響を与えるのが社長の存在です。経営の現場では、社長の機嫌が組織の雰囲気を左右し、それが直接的に生産性に影響を及ぼすことがよくあります。

社長の機嫌が悪いとまわりの社員が気を遣います。お客様第一主義と掲げておきながら、いつの間にかお客様ではなく社長に気を遣います。このような社長の不機嫌が組織に与える負の影響は計り知れません。コミュニケーションの阻害、士気の低下、ストレスの増加、才能の流出といった問題が発生する可能性があります。これらすべては、組織の生産性を低下させる要因となります。

これとは対照的に、社長が常に上機嫌でいることは、組織にとって多くのメリットをもたらします。**上機嫌の社長はまわりにポジティブなエネルギーを放ち、それが組織全体のモチベーションを高めます。これにより、社員はより創造的で生産的になり、組織全体のパフォーマンスが向上します**。

上機嫌な社長はなにか良いことがあったから機嫌が良いのではありません。生まれつきでもありません。毎日経営をしていて、些細なことや他の人がアタリマエと思って見逃している、**「小さな幸せ」を見つける訓練をして上機嫌になっています**。

ここまでお伝えしてきた通り、社長の機嫌は組織全体に大きな影響を与えます。ですから、自分の機嫌を社員に取らせてはいけません。自分の機嫌は自分で取る。自分の機嫌ぐらい自分でコントロールしながら経営をする。社長が上機嫌でいるだけで、不思議なくらい社内に良いことが起こり始めます。

社長が上機嫌でいることは、小さな会社を強くするための重要な要素です。**上機嫌な社長は、ポジティブな職場環境を作り出し、社員のモチベーションを高め、組織全体の生産性を向上させます。**このためには、社長自身が自らの感情をコントロールし、常にポジティブな姿勢を保つことが求められます。社長がこのような姿勢を持つことで、小さな会社は大きな力を発揮することができるのです。

おわりに

このたびは、「小さな会社が劇的にかわる すごい人事評価・報酬制度のつくり方」を最後までお読みいただき、ありがとうございます。本書を通じて、皆様が人事評価と報酬制度の重要性を理解し、具体的な行動に移す一助となれば幸いです。

小さな会社が強い経営をする上で、社長が誰にも負けてはいけないものが3つあります。

それは「志」と「情熱」と「覚悟」です。

社長として掲げる「志」は、理想の会社を描いたビジョンであり、進むべき方向性です。そのビジョンを実現するために、「情熱」を持ってそれを社員に伝え続けることで、一人ひとりがそのビジョンに共感し、会社に対して強力な協力をしてくれます。そして最後は、どんな困難があっても決してあきらめずに、目標に向かって進み続ける「覚悟」を持ち続けること。その後ろ姿に社員は惚れ、ついていくものです。

本書を通じて、人事評価と報酬制度の重要性を深く理解いただき、またそれがどのように会社の根幹に影響を与えるかを学んでいただきました。しかし、**学ぶだけでは会社は決して変わりません。実践することではじめて会社が変わりはじめます。**知識だけあっても、実践しなければ知らないことと同じです。実践が伴って、はじめて知識が知恵に変わる**「知行合一」にこ**

そ価値があることを忘れないでください。

小さな会社には小さいがゆえの大きなメリットがいくつもあります。そのひとつが「機動力」です。社長が人事評価制度の導入に踏み切ることは、とても小さな一歩かもしれません。しかし、未来から振り返ったとき、そのとても小さな一歩が、会社全体が高収益企業への変革への大きな一歩へと繋がったことに気づくはずです。

変わらない人はいるけれど、変われない人はいない。やらない人はいるけれど、できない人はいない。楽しみの人生か、嘆きの人生か。自分の考え方次第でどうにでもなります。

経営者としての旅は決して簡単ではありませんが、この旅において最も大切なことは、一歩を踏み出す勇気を持つことです。変革とは今、この瞬間から誰にでもはじめることができるものだからです。

心からの感謝を込めて、皆様の新たな挑戦が成功に満ちたものとなることを願っています。

2024 年 7 月

金村 秀一

好評発売中！　小さな会社の経営参謀シリーズ

小さな会社の経営を強くする！
手帳型
経営計画書のつくり方

（　全108ページ・非売品　）

金村秀一　株式会社ウィルウェイ　代表取締役社長

こちらのLINEから無料で
ダウンロードいただけます

小さな会社の経営は「やり方」ではなく「決定」で決まる。
「未来の設計図」である経営計画書があることで、
パフォーマンスが上がり、驚くほど会社は強くなる。

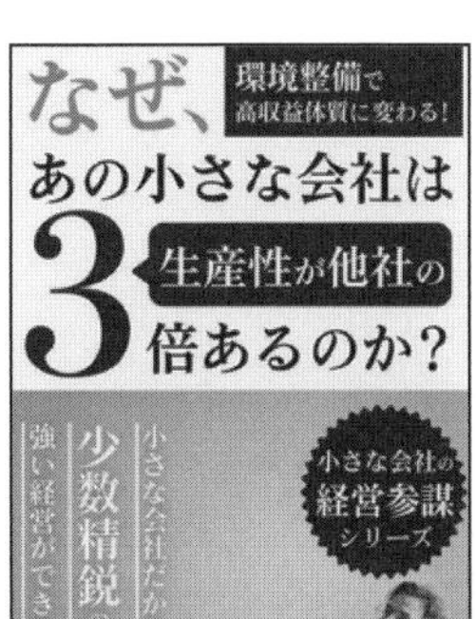

なぜ、あの小さな会社は
生産性が他社の３倍あるのか？

（　全133ページ・非売品　）

金村秀一　株式会社ウィルウェイ　代表取締役社長

こちらのLINEから無料で
ダウンロードいただけます

経営は「能力」ではなく「仕組み」で決まる。
経営の原理原則に従った再現性の高い仕組みが、
社内の強みを磨き、強かな会社が誕生する。

著者プロフィール

金村 秀一（かねむら ひでかず）
ウィルウェイグループ代表取締役社長
成功し続ける社長のための実践経営塾「100 年塾®」塾長

弱冠 21 歳の時に創業。企業の WEB 制作や顧客管理、マーケティングサポート、飲食業界、人材派遣業界など会社の成長ステージに合わせて事業を展開し、創業社長として今期 30 年目を迎える。「逆算経営計画」による経営により、労働生産性は中小企業の約４倍と高い生産性と残業時間ゼロの働き方改革を実現。少数精鋭の強みを生かしながら、業績も過去最高益を更新し続けている。

誰にでもできる「凡事一流」経営を自ら実践。再現性が高い経営メソッドを紹介する、社員数 30 人以下の小さな会社の社長を対象とした経営塾「100 年塾®」を 2012 年から展開。全国各地であらゆる業種の組織改善･人事評価制度の指導を行う。現役社長が直接指導する経営手法は多くの社長たちから反響を呼び、お客様満足度は 92.6%、全国各地での講演･セミナー等の開催は年間 50 回を超える。

◇著書：
- 『赤字社員だらけでも営業利益 20% をたたき出した社長の経営ノート』（中経出版）
- 『社員 29 人以下の会社を強くする 50 の習慣』（明日香出版）
- 『右肩上がりの会社が必ずやっている現場ルール』（自由国民社）

など、累計４万部を超える。

◇X アカウント
https://twitter.com/DreamManager20

◇公式ブログ
https://100years.tokyo.jp/

書籍コーディネート：(有) インプルーブ　小山　睦男

小さな会社が劇的にかわる
すごい人事評価・報酬制度のつくり方　〈検印廃止〉

著　者　　金村　秀一
発行者　　坂本　清隆
発行所　　産業能率大学出版部
　　　　　東京都世田谷区等々力6-39-15　〒158-8630
　　　　　（電話）03（6432）2536
　　　　　（FAX）03（6432）2537
　　　　　（URL）https://www.sannopub.co.jp/
　　　　　（振替口座）00100-2-112912

2024年7月31日　初版1刷発行

印刷所・製本所　日経印刷

（落丁・乱丁はお取り替えいたします）　ISBN 978-4-382-15850-4